ANDORINHA · MARCA PORTUGUESA DE AZEITES DESDE 1927
PORTUGAL
ANDORINHA
DESDE 1927
ANDORINHA
PORTUGAL
1927
Portuguese Extra Olijfolie
VERKREGEN VAN DE EERSTE PERSING

Inhalt

Vorwort

Am Urlaubsort würde ich am liebsten immer kleine Restaurants oder Streetfood-Stände besuchen, aber selbst die verlockendsten bieten meist nur eine eingeschränkte Speisekarte an. Obwohl ich persönlich kein Problem damit habe, mal etwas länger auf eine Bestellung zu warten, mache ich meinen hungrigen Kindern mit *bisque*, *escargots* oder *légumes grillés* keine Freude. Folglich fällt meine Wahl als Mutter kleiner Kinder auf dieses oder jenes Pastagericht, das ich dann in unserer winzigen Wohnwagenküche zubereite, in der man sich kaum umdrehen kann. Irgendwann bleibt da der Einfallsreichtum auf der Strecke: Es gibt Nudeln, Nudelsalat und etwas Gegrilltes. Das ist okay, aber die reine Urlaubsfreude will da nicht so recht aufkommen.

Meine Favoriten:

1. Paella (Seite 56)
2. Thunfisch im Sesammantel mit Gurkensalat (Seite 52)
3. Tomaten-Crostini (Seite 19)
4. Pizza mit Avocado, Spinat und Mozzarella (Seite 108)
5. Gambas Pil Pil (Seite 54)

Mit wachsender Camping-Begeisterung dachte ich über praktische Lösungen nach. Kann man nicht doch einfache und leckere Gerichte dort zubereiten, wo man gerade seine Zelte aufgeschlagen hat? Wie koche ich auf ein oder zwei Flammen? Soll ich mit Gas oder doch lieber mit Holzkohle grillen? Wo finde ich leichte, aber feine Rezepte, deren Zutaten man auch im kleinsten Supermarkt kaufen kann?

Das *Caravanity Camping-Kochbuch* ist das Ergebnis einer beinahe fünfjährigen Recherche. Es ist mein Ei des Kolumbus, und man hält mich hoffentlich nicht für überheblich, wenn ich mich unheimlich darüber freue. Endlich hat die Zettelwirtschaft mit wasserfleckigen, Olivenöl-getränkten Rezeptfetzen ein Ende!

Eet smakelijk, enjoy your meal, guten Appetit, bon appétit, buen provecho, buon appetito!

Femke Creemers

P.S.: Noch ein paar Hinweise zu den Rezepten in diesem Buch. Mein Ziel war es, möglichst unkomplizierte Zutaten zu wählen, damit man vor Ort im Bestfall alles bekommt. Es kann jedoch passieren, dass dort gerade der Salat oder die Tomaten nicht vorrätig sind, die ich verwende. Das soll niemanden abschrecken – die Rezepte kann man variieren. Viele davon lassen sich leicht um Fleisch oder Fisch ergänzen oder im Handumdrehen vegetarisch zubereiten.

Was man unbedingt für die Campingküche braucht

Skottel Braai

Fein und klein: Grill, Wok, Backblech und Gaskocher in einem. Sieht zwar absolut nicht sexy aus, aber man bereitet im Handumdrehen Gerichte darauf zu. Weiterer Pluspunkt: Man muss nicht im Wohnwagen oder Wohnmobil kochen, sondern macht das einfach draußen. Keine falsche Scham – wer den Sprung zum Camping gewagt hat, überwindet leicht alle Bedenken. Mein Favorit ist der handliche *Safari Chef* von Cadac mit verschiedenen Ebenen.

Grill

Auf vielen Campingplätzen ist offenes Feuer verboten, auf kleineren aber oft kein Problem. Weil wir eher letztere Kategorie ansteuern, haben wir immer einen kleinen Weber-Grill dabei.

Küchengeschirr

- Eine große Bratpfanne – möglichst tief, damit man darin auch eine Pastasauce oder ganze Gerichte wie Chili con Carne oder eine spanische Tortilla zubereiten kann; dazu noch eine kleinere Pfanne als Reserve;
- ein stapelbares Topfset;
- drei gute Messer (Kartoffelschälmesser, großes Schneidemesser, Brotmesser) – siehe auch Tipp unten auf der Seite;
- zwei Schneidbretter;
- zwei Kochlöffel;
- Grillzange;
- Salatbesteck;
- Korkenzieher;
- Knoblauchpresse;
- Küchenreibe;
- Aluminiumfolie;
- Grillschalen;
- Gleitverschlussbeutel – ideal zum Aufbewahren von Speisen;
- Küchenkrepp;
- luftdicht verschließbare Dosen für Lebensmittel.

Tipp: Über Messer, die nicht gut schneiden, kann ich mich grün und blau ärgern, und kein Küchenmesser für den Campinggebrauch kommt an das Messerset heran, das ich zu Hause benutze. Das finden Sie auch? Dann nehmen Sie die superscharfen Messer von zu Hause doch einfach mit!

Basiszutaten

Jede Küche profitiert von ein paar guten Kräutermischungen und Fläschchen mit diesem oder jenem. Ich schwöre außerdem auf Basisgemüse, das man eigentlich immer braucht. Damit bringt man in Nullkommanichts eine gute Mahlzeit auf den Tisch.

- kleine Flaschen mit herkömmlichem Olivenöl (zum Kochen und Braten) und kalt gepresstem Olivenöl (für Dressings und Dips);
- kleine Flaschen mit Balsamico-Essig und Crema di Balsamico;
- kleine Flasche Sojasauce;
- Senf und Honig (für Dressings);
- Kräuter: von getrockneten Kräutern nehme ich meist Mischungen wie Kräuter der Provence, italienische Kräuter, asiatische Gewürze und ein Döschen Chilipulver (für Camper, die es scharf mögen);
- Zitronensaft;
- Salz und Pfeffer (jeweils in einer kleinen Mühle) und Zucker;
- kleine Flaschen Ketchup, Mayonnaise, Chilisauce;
- Margarine;
- Gemüse: Knoblauch, Zwiebeln, Paprika und Tomaten.

Immer praktisch

- Fertigsuppe: ideal, wenn man einmal etwas später auf dem Campingplatz ankommt und zu müde ist, um noch etwas zu kochen;
- Pasta und Passata: verfeinert mit ein paar Zutaten wird daraus schnell eine richtige Mahlzeit;
- Thunfisch in Dosen: lecker in Salaten, guter Fleischersatz für Nudelgerichte;
- für die Kinder (und für das Kind im Erwachsenen): Schokoladenstreusel, Fruchtstreusel, Nuss-Nougat-Creme;
- Bier, Wein und Nüsse: Nach einer längeren Fahrt erfrischt man sich gerne mit einem wohlverdienten kalten Bierchen oder einem Glas Wein. Tipp: eine nicht ganz gefüllte Plastikflasche mit Leitungswasser einfrieren und am Morgen der Abfahrt zwischen den Bier- oder Weinvorrat legen. Bei der Ankunft am Ziel sind diese gut gekühlt.

Besteck und Geschirr

Es klingt vielleicht etwas etepetete, aber ich weigere mich, Plastikgeschirr zu verwenden. Ich packe deswegen immer ein paar Duralex-Gläser ein, aus denen ich Kaffee, Tee, Wasser, Erfrischungsgetränke und Wein trinke. Diese Gläser halten einiges aus, und man trinkt viel besser aus ihnen als aus Plastik.
Gegessen wird von Tellern oder Schneidbrettern aus Melamin.
Die kauft man normalerweise in großen Haushalts- und Einrichtungsgeschäften. Dazu gibt es »richtiges« Besteck aus den gleichen Läden; mehrteilige Basis-Sets kann man doppelt kaufen, dann ist man immer gut versorgt.

So macht man ein Lagerfeuer

Warum können manche Leute binnen weniger Minuten ein Lagerfeuer entfachen und ich schaffe es nur mit dem Anzünden vieler Zeitungen und jeder Menge Pusten? Letzten Sommer zeigte mir mein Mann, wie es geht, und seither gelingt es mir immer besser. So funktioniert's:

1. Schritt: Der richtige Platz

Ein schönes Plätzchen auswählen, bei dem der Untergrund nicht brennbar ist – Sandboden ist ideal. Abstand zu Bäumen, Platznachbarn und Gebäuden halten. Manche Campingplätze verfügen bereits über ausgewiesene Feuerstellen.

2. Schritt: Trockenes Holz suchen

Wir brauchen genügend trockenes Holz von unterschiedlicher Dicke, außerdem genügend leicht entflammbaren Zunder. Dazu zählen trockenes Moos, Heu (oder anderes trockenes Gras), Baumrinde, Reisig und Tannenzapfen. Noch einfacher geht es freilich mit Grill- oder anderen Anzündern.

3. Schritt: Scheiterhaufen errichten

Einige dicke Äste auf den Boden legen. Darauf zündet man dann später das Feuer an. Wenn das erst einmal brennt, sorgt diese Unterlage für eine gute Basis für die Flammen.

Auf diesen Ästen verteilt man nun den Zunder (oder die Anzünder) und errichtet darüber den Scheiterhaufen. Man beginnt mit dem dünnsten und trockensten Holz und legt es wie bei einem Wigwam über dem Zunder zusammen.

4. Schritt: Anzünden

Man setzt sich so hin, dass man den Wind im Rücken hat und das Feuer so abschirmt. Mit ein paar Streichhölzern bringt man den Zunder zum Brennen. Wenn das nicht gleich gelingt, fügt man noch etwas Zunder hinzu. Wenn der einmal brennt, fängt auch das dünnere Holz schnell Feuer. Beim Feuer bleiben und noch mehr trockenes Holz in Wigwamform dazulegen, um es in Gang zu halten. Je besser das Feuer brennt, desto größer und weniger trocken dürfen die Äste sein.

5. Schritt: Die Seele baumeln lassen

Jetzt kann man das eigene Lagerfeuer genießen und entspannen. Entweder man nimmt einen Ast und spießt damit ein Marshmallow auf oder man umwickelt ihn mit Brotteig; beides röstet man über dem Feuer. Am besten wäre es, dies erst am Schluss über der Glut zu machen, denn sonst wird das Ganze leicht rußig. Da so lange aber eigentlich niemand warten möchte, rösten wir unsere Marshmallows über den kleinen Flammen am Rand des Lagerfeuers, mit dem Risiko, mal eines wegwerfen zu müssen.

Mach das Beste aus deinem Wohnwagen

Robin und Marjan Aberson waren keine Camper, bis sie einen Artikel über Retro-Wohnwagen lasen. Danach juckte es sie in allen Fingern: Wäre das nicht schön, sich selbst einen Oldtimer zu kaufen und zu restaurieren? Ihr siebenjähriger Sohn Luuk würde Camping sicher auch toll finden.

Nach ein paar Recherchen fiel ihre Wahl auf einen Constructam. Er sah prima aus, also wurde man schnell mit dem Vorbesitzer handelseinig. Den Caravan rangierte man hinter das Haus, damit man ihn in der Nähe hatte und überlegen konnte, wie man die Sache anging.

Robin nahm den Wohnwagen vollständig auseinander, und als alles ausgebaut war, begann er mit dem Abschleifen und Grundieren der Schränke, ehe er ihnen zwei neue Farblagen verpasste. Die Wände bekamen einen Anstrich mit Farben von Annie Sloan. Diese Farbe ist elastisch und lässt sich leicht verstreichen, ideal für die dünnen Wände und Decken ihres Constructam.

Die Elektrik und die Türen wurden teils erneuert, ehe Robin mit dem Einbau der Einrichtung begann. »Da musste man genau arbeiten, keine Schraube durfte zu lang sein. Sonst hast du schneller Löcher in der Außenwand, als dir lieb ist.«

Zwei geübte Nachbarn halfen bei den Profi-Arbeiten. Der eine verlegte im Handumdrehen einen neuen Vinylboden im Wohnwagen. Der andere half bei der neuen Spritzlackierung der Außenwand.

Constructam Coral 3T / Baujahr: 1972 / Umbau: 2010, 2013-2014

Und dann kam der erste Camping-Ausflug! Abgesehen von einem verstopften Abfluss war der erste Trip ein voller Erfolg. Zu Hause wurden noch ein paar nette Accessoires hinzugefügt, und seither freuen sich Robin, Marjan und Luuk täglich an ihrem Constructam. Der Wohnwagen ziert den Garten hinter dem Haus, wo er außerhalb der Ferien als Gästezimmer dient. So macht man wirklich das Beste aus seinem Caravan!

Tipp von Robin:

Die Farben der Britin Annie Sloan sind enorm flexibel und auf weichen Materialien bestens zu verarbeiten. Schöne Stoffe gibt es im Fachhandel.

Frühstück und Mittagessen

Breakfast and lunch

Ontbijt en lunch

Petit déjeuner et déjeuner

Desayuno y almuerzo

Prima colazione e pranzo

Powerbrot mit Frischkäse, Avocado und Tomate

Manchmal erlebt man schon nach den ersten Bissen eine richtige Geschmacksexplosion. So wie bei diesem kleinen Powerbrot. Als Bonus kommt hinzu, dass es auch noch richtig gesund ist.

Für 2 Personen

- 1 Päckchen Frischkäse
- 2 Scheiben Brot
- 1 kleine Handvoll Feldsalat, gewaschen
- 1 Avocado
- 6 Cherrytomaten, gewaschen
- Salz und Pfeffer aus der Mühle

Die Brotscheiben mit dem Frischkäse bestreichen. Den Feldsalat darauf verteilen. Die Avocado halbieren, den Kern entfernen und das Fruchtfleisch mit einem Löffel herauslösen. Das Fruchtfleisch in dünne Scheiben schneiden. Die Cherrytomaten halbieren und sie mit den Avocadoscheiben auf dem Feldsalat verteilen. Die belegten Brote pfeffern und salzen.

Variation: Eine Scheibe Schinken verleiht dem Powerbrot noch etwas mehr Herzhaftigkeit. Je nachdem, wo man gerade Urlaub macht, ist Parmaschinken, Prosciutto, Serrano oder Jamón Ibérico denkbar.

Zupfbrot mit Käse und Aufschnitt

Für 2 Personen

- 1 Baguette
- Butter
- 15 Scheiben Käse Ihrer Wahl
- 15 Scheiben Aufschnitt Ihrer Wahl

Das Baguette 15-mal quer einschneiden (nur etwa dreiviertel tief, der Boden des Brotes muss ganz bleiben). Jeden Einschnitt mit etwas Butter bestreichen und eine Scheibe Käse oder Aufschnitt hineinlegen. Das Brot in Alufolie einwickeln und etwa 20 Minuten auf den Grill legen. Regelmäßig wenden, damit das Brot gut erwärmt wird und der Käse schmelzen kann. Danach aus der Folie nehmen. Jeder kann sich jetzt ein Stück abzupfen und aufessen.

Tomaten-Crostini

Ist noch Brot übrig, das weg muss? Dann sind *Tomaten-Crostini* (knusprige Brotscheiben mit Tomaten) angesagt.
Ein leckeres Mittagessen oder als Fingerfood zum Wein.

Zutaten

- 4 Tomaten, gewaschen
- 2 Zehen Knoblauch, abgezogen
- frisches Basilikum
- kalt gepresstes Olivenöl und gefiltertes Olivenöl
- Salz und Pfeffer aus der Mühle
- Brot (frisch oder vom Vortag), in Scheiben geschnitten

Die Tomaten halbieren, die Kerne entfernen und klein würfeln. Die Knoblauchzehen durch die Presse drücken. Das Basilikum fein schneiden. Tomaten, Knoblauch und Basilikum mit einem guten Schuss kalt gepresstem Olivenöl in einer Schüssel vermengen und mit Pfeffer und Salz abschmecken. Die Schüssel mit etwas Alufolie abdecken und mindestens 15 Minuten beiseitestellen, damit sich die Aromen entfalten können.

Die Brotscheiben mit gefiltertem Olivenöl beträufeln und bei mittlerer Temperatur in einer Pfanne knusprig anrösten. Aus der Pfanne heben und mit einem Löffel die Tomaten-Mischung auf den Brotscheiben verteilen.

Brot auf katalanische Art

Ähnlich wie *Tomaten-Crostini*, aber ein bisschen anders.

Zutaten

- Brot (vom Vortag), in Scheiben geschnitten
- 1 Knoblauchzehe pro Person, abgezogen
- 1 Tomate pro Person

In einer Pfanne die Brotscheiben anrösten. Den Knoblauch und die Tomaten halbieren. Das geröstete Brot mit dem Knoblauch bestreichen und die Tomate auf dem Brot verreiben und zerdrücken. Knoblauch und Tomate reichen meist für mehrere Scheiben.

Zucchini-Pizzinis

Für 4 Personen

- 1 Zucchini, gewaschen
- Olivenöl
- Salz und Pfeffer aus der Mühle
- etwas Pasta- oder Tomatensauce
- ein paar Scheiben Schinken, in 12 kleine, etwa 2,5 cm große Stücke geschnitten
- 50 g würziger Hartkäse Ihrer Wahl, gerieben
- italienische Kräuter

Die Zucchini in ungefähr 1 Zentimeter dicke Scheiben schneiden. Diese mit Olivenöl bestreichen und nach Geschmack mit Pfeffer und Salz würzen. Auf dem Grill oder dem Skottel Braai grillen, bis sich auf den Zucchinischeiben ein Abdruck des Grillrostes zeigt. Vom Grill nehmen, ein wenig Pastasauce auf die Zucchini geben und eine Schinkenscheibe darauf legen. Mit etwas geriebenem Käse und italienischen Kräutern bestreuen. Nochmals 2–3 Minuten auf den Grill legen und herunternehmen, sobald der Käse geschmolzen ist.

Pita Pizza Margherita

Eine ganz einfache Variante der Pizza, aber unheimlich lecker!

Für 4 Personen

- 8 Mini-Pita-Fladen
- 16 EL Pasta- oder Tomatensauce
- 8 TL italienische Kräuter
- 200 g würziger Hartkäse, gerieben

Jeden Pita-Fladen mit 2 EL Tomatensauce bestreichen und mit einem 1 TL italienischen Kräutern und etwas Käse bestreuen. Die Pita-Fladen auf den Grill legen (glimmende Hitze), den Deckel schließen und in

3 Minuten fertig backen. Dabei gut darauf achten, dass sie nicht verbrennen.

Variation: Man kann diese Pita-Pizzen natürlich mit allem garnieren, worauf man Appetit hat, etwa mit Gemüse und Fleisch.

Tipp:
Auch mit roten Früchten belegt sehr lecker!

Arme Ritter vom Baguette

Ein bekanntes Ferienphänomen: Gestern reichte das Baguette nicht, heute blieb ein halbes übrig, das jetzt schon trocken ist. Kein Grund zum Wegwerfen! Man kann es an die Enten verfüttern, zu kleinen Kügelchen formen und als Köder am Angelhaken verwenden – oder super leckere *Arme Ritter* daraus machen.

Zutaten (für 12 Scheiben Baguette oder 8 Scheiben Brot)

- 2 Eier
- 250 ml Milch
- 1 TL Zimt
- 4 EL Zucker, plus etwas extra zum Bestreuen
- Butter

Die Eier aufschlagen und schaumig rühren. Die Milch, den Zimt und den Zucker hinzufügen und weiter aufschlagen, bis alles vermischt ist. Die Baguette- oder Brotscheiben darin einweichen und etwas abtropfen lassen. Etwas Butter in eine Bratpfanne geben und die *Armen Ritter* darin auf beiden Seiten goldbraun anbraten. Aus der Pfanne nehmen, auf einen Teller legen und mit etwas Zucker bestreuen.

Süße Brotschlangen vom Lagerfeuer

Für 4 Personen

- 1 Packung Brotbackmischung Ihrer Wahl
- Zucker

Die Backmischung nach der Anleitung auf der Packung zubereiten. Sobald der Teig fertig ist, zu dicken, 20 Zentimeter lange Strängen formen und diese um die Spitze der Äste wickeln. Die Brotschlangen über dem Lagerfeuer oder dem Grill rösten. Sie sind fertig, wenn sie sich leicht vom Ast lösen lassen. Zum Schluss mit etwas Zucker bestreuen.

Tipp: Brotteig röstet man über einem glimmenden Lagerfeuer oder Grill. So verhindert man, dass er rußig wird.

Einfaches Tomaten-Paprikasüppchen

Vitamine zum Schlürfen – in dieser Suppe steckt eine Extraportion Gemüse.

Für 4 Personen

- 2 Brühwürfel (Gemüsebrühe)
- 2 kleine Knoblauchzehen, abgezogen
- 1 Zwiebel, abgezogen
- 2 rote Paprika, gewaschen und entkernt
- 4 EL gefiltertes Olivenöl
- 1 kleine Dose Tomatenmark (70 g)
- 2 Dosen stückige Schältomaten (je 400 g)
- 2 EL italienische Kräutermischung
- Salz und Pfeffer aus der Mühle
- Baguette

Tipp: Einfach ein paar frische zerzupfte Basilikumblätter auf die Suppe geben!

700 ml Wasser zum Kochen bringen und darin die Brühwürfel auflösen. Den Knoblauch durch die Presse drücken. Die Zwiebel fein hacken und die Paprika klein würfeln. Das Olivenöl in einer Pfanne erhitzen, das Tomatenmark kurz darin anschwitzen. Den Knoblauch und die Zwiebel hinzufügen. Nach 3 Minuten die Gemüsebrühe, Paprika, Tomaten und italienischen Kräuter dazugeben und mit Salz und Pfeffer abschmecken. Das Ganze 30 Minuten köcheln lassen, in Portionsschalen füllen und mit einem Stück Baguette servieren.

Quesadillas

Für 4 Personen

- 1 kleine Knoblauchzehe, abgezogen
- 1 Schalotte oder 1 Zwiebel, abgezogen
- 3 Tomaten, gewaschen
- 1 Paprika, gewaschen und entkernt
- 20 entsteinte schwarze Oliven
- 2 Dosen Thunfisch im eigenen Saft, abgetropft
- 4 Tortillas
- 12 Scheiben Käse Ihrer Wahl
- Salz und Pfeffer aus der Mühle

Den Knoblauch und die Zwiebel fein hacken. Die Tomaten häuten, würfeln und in einer kleinen Schüssel mit dem Knoblauch und der Zwiebel vermischen. Das Fruchtfleisch der Paprika und die Oliven fein würfeln. Den Thunfisch mit einer Gabel grob zerteilen. Eine Tortilla zur Hälfte mit je einem Viertel der Zutaten belegen, pfeffern und salzen und dann zuklappen (nicht zu stark füllen, damit sie sich gut wenden lässt). Die Tortillas einige Minuten bei mittlerer Temperatur in einer Pfanne oder auf der Backplatte des Skottel Braai rösten, bis die Außenseite leicht gebräunt und der Käse im Inneren geschmolzen ist. Dazu passen eine feurige Salsasauce und ein knackiger Salat.

Variation: Die *Quesadillas* lassen sich beliebig mit allem variieren, was einem schmeckt!

Croques mit Ziegenkäse und Roter Bete

Rote Bete mochte ich schon immer gerne, aber in Australien lernte ich sie als Zutat für Sandwiches und Hamburger lieben. Rote Bete fügt einem herzhaften Essen einen süßlichen Twist hinzu, genau richtig für meine Geschmacksnerven.

Zutaten für 2 Croques

- 4 dicke Scheiben Brot
- cremiger [1]Ziegenkäse
- 1 Rote Bete (geschält und gekocht)
- einige Blätter Rucola, gewaschen
- 1 EL Olivenöl

Die Brotscheiben mit Ziegenkäse bestreichen. Die Rote Bete in Scheiben schneiden und zwei Brotscheiben damit belegen. Rucolablätter darauf legen und mit den beiden übrigen Brotscheiben bedecken. Etwas Olivenöl in der Pfanne oder auf der Grillplatte des Skottel Braai erhitzen und bei mittlerer Temperatur die Croques darin von beiden Seiten anbraten.

Variation: Die Rote Bete durch Gurkenscheiben ersetzen.

Croques mit Mozzarella, Tomate, Avocado und Pesto

Zutaten für 2 Croques

- 4 dicke Scheiben Brot
- 2 EL Pesto
- 1 kleine Kugel Mozzarella
- 1 Tomate, gewaschen
- 1 Avocado
- 1 EL Olivenöl

Die Brotscheiben mit Pesto bestreichen. Den Mozzarella in Scheiben schneiden und zwei der Brotscheiben damit belegen. Die Tomate in Scheiben schneiden. Die Avocado halbieren, den Kern entfernen, das Fruchtfleisch mit einem Löffel herauslösen und in dünne Scheiben schneiden. Tomate und Avocado auf den Mozzarella legen und mit den beiden übrigen Brotscheiben bedecken. Olivenöl in der Pfanne oder auf der Grillplatte des Skottel Braai bei mittlerer Temperatur erhitzen und die Croques darin auf beiden Seiten goldbraun anbraten.

Unterm Sternen-
zelt, am Lager-
feuer!

Snacks

Snacks

Snacks

Snacks

Snacks

Spuntini

Tortillachips mit Frischkäse und pikanter Sauce

Zutaten

- 1 Päckchen Frischkäse
- Sweet Chili Sauce aus der Flasche
- 1 Stängel frischer Koriander, fein gehackt
- 1 Tüte Tortillachips

Auf den größten Teller an Bord auf der einen Hälfte den Frischkäse verstreichen. Die süßsaure Sauce darüberträufeln und den Koriander darüberstreuen. Die Tortillachips daneben anrichten.

Tipp:
Passt richtig gut zum Sangria von Seite 148.

Lachswraps mit Avocado, Eisbergsalat und Frischkäse

Zutaten

- 2 Tortillas
- 1 Päckchen Frischkäse
- 1 Kopf Eisbergsalat, gewaschen und geputzt
- 200 g geräucherter Lachs in Scheiben
- 1 Avocado
- Salz und Pfeffer aus der Mühle

Die Tortillas auf der Innenseite mit Frischkäse bestreichen. Mit Salatblättern belegen und den Lachs darauf verteilen. Die Avocado schälen, halbieren, den Kern entfernen, das Fruchtfleisch in dünne Scheiben schneiden und ebenfalls auf den Tortillas verteilen. Mit Pfeffer und Salz bestreuen, dann die Tortillas fest zusammenrollen und in kleine Röllchen schneiden. Jeweils einen Zahnstocher hineinstecken.

Mini-Käsefondue

Zutaten

- 1 Camembert
- 2 EL Honig
- 1 Zweig Thymian oder getrocknete Kräuter der Provence
- ganz frisches Brot oder Baguette

Den Camembert so in Alufolie einschlagen, dass der Rand der Folie etwas über den Käse hinausragt. Die Oberseite des Camemberts mit dem Honig bestreichen und mit einer kleinen Gabel ein paar Mal leicht einstechen. Als Abschluss einen Zweig Thymian darauflegen. Das Päckchen auf die glimmenden Kohlen des Grills legen oder auf dem Skottel Braai oder in einer Bratpfanne erwärmen. Das Mini-Käsefondue ist fertig, wenn die Oberseite des Camemberts warm ist. Auf leichten Druck fühlt er sich dann innen weich an. Dazu eine Scheibe gutes Brot und schon ist das köstliche Fingerfood fertig, besonders lecker mit einem guten Glas Wein.

Variation: Eignet sich auch als Dip für Gemüsesticks (Gurke, Stangensellerie, Paprika oder Karotte).

Mini-Mozzarella-Kugeln mit Tomate

Für 4 Personen

- 12 Cherrytomaten, gewaschen
- 12 kleine Mozzarella-Kugeln (oder eine große, in 12 Stücke geschnittene Kugel)
- 1 kleines Glas grünes Pesto

Zuerst die Cherrytomaten auf Cocktailspieße stecken.
Die Mozzarella-Kugeln oder -stücke in das Pesto tauchen und ebenfalls aufspießen.

Variation: Besonders lecker mit frischen Basilikumblättchen.

Tapas

Unverzichtbare Beilagen für einen gemütlichen Abend bei Bier oder Wein

Käse-, Wurst- und Schinkenwürfel

Am leichtesten findet man regionale Spezialitäten auf dem Wochenmarkt (meist kann man dort auch probieren).

Oliven

Davon hat man am besten immer einen Vorrat dabei. Sehr praktisch für spontane Treffen am Abend.

Nüsse

Die knackigen Kerne passen immer gut zu Käse und Aufschnitt. Ungeröstet sind sie am gesündesten.

Obst

Trauben und frische Feigen harmonieren unheimlich gut mit Käse.

Gemüse

Knackige Radieschen, Cherrytomaten, Paprika oder Gurken kommen immer gut an. Sehr lecker mit einer *Dipsauce* (siehe Seite 47).

Dips

Salsasauce, Pesto, *Aioli* (siehe Seite 47), Hummus oder Olivenöl mit Kräutern: einfach auswählen, was einem am besten schmeckt und servieren.

Brot

Es neutralisiert den Geschmack zwischen zwei verschiedenen Getränken oder vor einer neuen Speise, man kann es belegen oder in Dips tauchen.

Ein großes Serviertablett

Das große schwere Brotzeitbrett ist wahrscheinlich in der heimischen Küche geblieben, aber auf einem leichten Serviertablett kann man alles ebenso gut anrichten.

Gemüsesnack mit Hummus

Für 4 Personen

- 1 Glas Hummus (200 g)
- 4 Karotten, geschält
- ½ Gurke, geschält
- 1 Paprika, gewaschen, Samenstränge entfernt
- 10 Radieschen, geputzt

Alle Gemüsesorten in gleichmäßig dicke Streifen schneiden. Das Hummus in die Mitte des Tischs stellen und alle Gemüsesorten im Kreis darum herum anrichten.

Einfach, lecker, gesund. Auch Kinder lieben es!

Knusprige Käse-Chips

Zutaten für 10 Stück

- 150 g würziger Hartkäse, gerieben

Ein kleines Häufchen Käse in eine bei mittlerer Temperatur erwärmte Pfanne geben. 3–5 Minuten schmelzen und anbraten lassen. Mit einem Holzspatel aus der Pfanne nehmen und abkühlen lassen. Anschließend sind die Chips wunderbar knusprig.

Tipp:
Ein kleiner Extra-Leckerbissen für's Picknick

Popcorn

Ein Hit bei Jung und Alt. Ein Stimmungsmacher am Lagerfeuer oder ein ungewöhnliches Dessert.

Zutaten pro Person

- 1 EL Popcornkörner (Mais)
- 1 EL Sonnenblumen- oder Olivenöl
- etwas Butter
- Salz oder Zucker

Die Körner in die Mitte mehrerer großer Lagen Alufolie geben und mit dem Öl beträufeln. Die Folie zu einer Art Ballon aufbiegen, damit das Popcorn genug Platz hat, oben die Folie zusammendrücken. Den Popcorn-Ballon auf den Grill legen und warten, bis die Körner zu springen aufgehört haben. Dann öffnen und nach Belieben Butter, Salz oder Zucker hinzufügen.

Tipp: Auch Popcorn für die Mikrowelle eignet sich für diese Methode. Einfach die Mikrowellentüte öffnen und wie hier beschrieben in Alufolie einschlagen.

Dips, Dressings und Marinaden

Dips, dressings and marinades

Dips, dressings en marinades

Trempettes, vinaigrettes
et marinades

Salsas, aderezos y marinadas

Salse, condimenti e marinate

Die besten Marinaden für rotes Fleisch, Huhn und Fisch

Mit diesen Marinaden wird jedes Stück Fleisch oder Fisch zum perfekten Genuss.

Marinade für rotes Fleisch (200 g)

- 10 EL Rotwein
- 2 Knoblauchzehen (abgezogen durch die Presse gedrückt)
- 2 EL italienische oder Kräuter der Provence
- Salz und Pfeffer aus der Mühle

Honig-Zitronen-Marinade für Huhn und Fisch (200 g)

- 8 EL Olivenöl
- 8 EL Zitronensaft
- 4 EL Honig
- 1 EL italienische Kräuter
- Salz und Pfeffer aus der Mühle

Balsamico-Honig-Marinade für Huhn, Lachs, Lammkoteletts und Entenbrust (200 g)

- 8 EL Balsamico-Essig
- 2 EL Olivenöl
- 2 Knoblauchzehen (abgezogen durch die Presse gedrückt)
- 4 EL Honig
- Salz und Pfeffer aus der Mühle

Alle Zutaten in einem Plastikbeutel mit Gleitverschluss vermischen und Fisch oder Fleisch darin einlegen. Mindestens 15 Minuten, eher eine Stunde, am besten einen ganzen Tag im Kühlschrank marinieren lassen. Fisch oder Fleisch herausnehmen, leicht trocken tupfen und bei großer Temperatur anbraten. Das gibt den besten Geschmack. Danach die Temperatur verringern und das Fleisch- oder Fischgericht fertiggaren.

Den Fisch auf Zitronen grillen

Mit diesem tollen Trick bleibt der Fisch nicht am Grillrost kleben und bekommt noch dazu ein tolles Aroma: Eine unbehandelte Zitrone in Scheiben schneiden und auf den Grillrost legen. Den Fisch nach Geschmack mit Kräutern bestreuen und auf den Zitronenscheiben grillen.

Dips und Dressings

Aioli

Diese selbst gemachte Aioli ist meine absolute Nummer eins. Sie ist einfach, sehr lecker und passt praktisch zu allem: als Dip zu Brot, Fleisch und Gemüse. Wie scharf man sie macht, bleibt jedem selbst überlassen. Ein Wort der Warnung ist angebracht: Zu viel davon führt am nächsten Tag zu bekannten Nebenwirkungen.

Zutaten

- 2 Knoblauchzehen für die milde Variante (wer es scharf liebt, nimmt 4), abgezogen und durch die Presse gedrückt
- 6 gehäufte EL Mayonnaise
- Pfeffer

Die Knoblauchzehen durch die Presse drücken und zur Mayonnaise geben. Nach Belieben pfeffern. Alles verrühren und vor dem Servieren mindestens 1 Stunde ruhen lassen, damit sich die Aromen gut entfalten können.

Brotdip

So einfach, dass man ihn fast übersieht: Das Brot einfach in ein hochwertiges, kalt gepresstes Olivenöl tauchen und pfeffern und salzen.

Crema di Balsamico

Als Dressing für gegrilltes Gemüse einfach unschlagbar. Auch als Brotdip lecker.

Salatdressings

Grunddressing

- 9 EL Olivenöl
- 3 EL Balsamico-Essig

Honig-Senf-Dressing

- 9 EL Olivenöl
- 3 EL Balsamico-Essig
- 2 TL Senf
- 1 EL Honig

Soll es noch etwas cremiger sein? Einfach 1 EL Mayonnaise hinzufügen.

Frisches Zitronendressing

- 9 EL Olivenöl
- 3 EL Zitronensaft
- 2 TL Senf
- 1 EL Honig

Der fröhliche Wohnwagen

vorher

Arjan und Judith Vrielink und ihre Kinder Hinke, Brent, Mirte und Jade übernahmen den Hobby Excellent Baujahr 1997 von Judiths Eltern. Sie hatten schon länger daran gedacht, den Wohnwagen etwas fröhlicher herzurichten, und entschlossen sich zu einer gründlichen Erneuerung. Aus Platzgründen wurde ein Waschbecken ausgebaut, ein neuer Anstrich und Bodenbelag waren fällig, dazu kamen neue Bezüge für die Kissen und Gardinen und Tapeten. Ganze Abende verbrachten sie mit diesen Arbeiten. Sie waren unheimlich zufrieden, als alles fertig war, aber die gemeinsamen Do-it-yourself-Abende vermissen sie schon.

Fisch

Fish

Vis

Poisson

Pescado

Pesce

Thunfisch im Sesammantel mit Gurkensalat

Auf unserer ersten großen Reise durch Australien servierte man mir dieses Gericht, von dem ich sofort begeistert war. Eine wunderbare Campingmahlzeit und – kleiner portioniert – eine großartige Vorspeise, wenn man Gäste hat. Beim Camping kann das immer passieren.

Für 4 Personen

- 300 g frisches Thunfischfilet
- Sesamsamen
- 2 EL Sesamöl

Für den Salat

- 4 EL Sesamöl
  (Olivenöl geht auch, aber Sesamöl ist geschmacklich intensiver)
- 4 EL Reisessig
- 4 EL Sojasauce
- 1 Tüte gemischter Salat, gewaschen
- 1 Gurke, geschält und der Länge nach in dünne Streifen gehobelt

Den Thunfisch aus dem Kühlschrank nehmen und auf Zimmertemperatur kommen lassen. Sesamsamen auf einen Teller geben und den Thunfisch im Sesam wälzen, bis er rundherum damit bedeckt ist.

Für den Salat zunächst das Dressing zubereiten und das Sesamöl, den Reisessig und die Sojasauce in einer kleinen Schüssel vermengen. Die Salatblätter auf vier Servierteller verteilen. Die Gurkenstreifen auf den Salat legen.

Einen Schuss Sesamöl in die Pfanne geben und den Thunfisch darin 3 Minuten auf beiden Seiten kurz anbraten, bis die Außenseiten gebräunt und das Innere noch rosa und saftig ist.

Variation:
Dieses Gericht kann man auch sehr gut mit Lachs zubereiten.

Gambas Pil Pil

Für 4 Personen

- 35–40 rohe geschälte und gesäuberte Riesengarnelen (an der grauen Farbe erkennbar)
- 4 kleine Knoblauchzehen, abgezogen und in dünne Scheiben geschnitten
- 250 ml kalt gepresstes Olivenöl
- 100 ml Weißwein
- 1 TL Paprikapulver
- 20 Cherrytomaten, gewaschen
- Baguette, zum Servieren

Die Riesengarnelen und den Knoblauch in einer Schüssel mit dem Olivenöl vermengen und 15 Minuten bis 1 Stunde im Kühlschrank ruhen lassen, damit sich die Aromen entfalten können.

Alles in eine tiefe große Bratpfanne geben, den Weißwein, das Paprikapulver und die Cherrytomaten hinzufügen. Erhitzen. Das Pil Pil ist fertig, sobald die Gambas rosafarben geworden sind. Auf Servierschalen verteilen und knuspriges Baguette dazu reichen.

Tipp: Etwas mehr Schärfe gefällig? Einfach eine Prise Chili- oder Cayennepfeffer hinzufügen. Den Geschmack des Knoblauchs mildert man, indem man frische gehackte Petersilie oder Schnittlauch hinzufügt.

Gegrillte Sardinen mit Maiskolben

Für 4 Personen

- 8 küchenfertige Sardinen
- 4 Maiskolben, gewaschen

Für die Marinade

- 16 EL Olivenöl
- 2 EL Zitronensaft, frisch ausgepresst
- 2 Knoblauchzehen, abgezogen und in dünne Scheibchen geschnitten
- frische Petersilie, gewaschen und grob zerpflückt
- Salz und Pfeffer aus der Mühle

In einer Schüssel die Marinade aus Olivenöl, Zitronensaft, Knoblauch, Petersilie, Pfeffer und Salz zubereiten. Die Sardinen darin 15 Minuten marinieren.

Die Maiskolben und die Sardinen auf dem Rost über offenem Feuer etwa 8 Minuten grillen, bis sie gar sind.

Tipp: Den Rost gut einfetten oder die Sardinen auf Zitronenscheiben legen, damit sie nicht am Rost kleben bleiben. Als Beilage frische Pommes frites bei der Frittenbude des Campingplatzes holen.

Paella

Eines meiner Lieblingsgerichte. In Spanien bekommt man küchenfertig abgepackten Fisch und Meeresfrüchte dafür in praktisch jedem größeren Supermarkt. Dieses Gericht ist nicht im Handumdrehen fertig (dauert 45 Minuten), aber für jeden, der gerne kocht, eine ultimative Ferienmahlzeit.

Für 4 Personen

- 1 große Zwiebel, abgezogen
- 2 Knoblauchzehen, abgezogen und fein zerdrückt
- 1 Schuss Olivenöl
- 1 rote Paprika, gewaschen, halbiert, entkernt und gewürfelt
- 1 Dose stückige Schältomaten
- 200 g küchenfertige Riesengarnelen
- 200 g küchenfertiges Fischfilet (oder Tintenfisch)
- 400 g Paella- oder Risottoreis
- 3 Brühwürfel für Fischbouillon, in 1,5 l Wasser aufgelöst
- 1 Fädchen Safran
- Salz und Pfeffer aus der Mühle
- 100 g TK-Erbsen
- 500 g küchenfertige Miesmuscheln (oder andere Schalentiere)
- 2 unbehandelte Zitronen, gewaschen

Die Zwiebel hacken und in einem Schuss Olivenöl in einer hohen Pfanne anschwitzen. Den Knoblauch, die Paprika halbieren, die Samenstränge entfernen, das Fruchtfleisch würfeln und mit den Schältomaten in die Pfanne geben. Eindicken lassen. Garnelen und Fisch zugeben und 3 Minuten garen lassen. Den Reis hinzufügen und 2 Minuten mitgaren. Die Hälfte der Bouillon unterühren und alles mit Salz und Pfeffer sowie Safran würzen. Vorsichtig umrühren und die restliche Bouillon aufgießen, bis der Reis gar ist (das dauert etwa 20 Minuten, gegebenenfalls probieren). Zum Schluss die Erbsen und die Muscheln unterrühren. Sobald die Muscheln gar sind (siehe Beschreibung auf Seite 59), die Paella noch 3 Minuten weitergaren lassen. Die Zitronen vierteln und zur Paella servieren.

Tipp:
Paella im Wok (des Skottel Braai) oder in einer tiefen Pfanne zubereiten!

Fischpäckchen

Diese Zubereitung eignet sich für jede Art von Fisch. Die Aromen, die das Gemüse zum Geschmack beiträgt, sind einfach wunderbar.

Für zwei Personen

- gefiltertes Olivenöl
- Lachsfilet (400 g)
- 2 Handvoll Cherrytomaten, gewaschen
- 4 Scheiben unbehandelte Zitrone
- frischer Rosmarin
- Salz und Pfeffer aus der Mühle

Alufolie mit Olivenöl besprenkeln und den Lachs darauf legen. Die Tomaten vierteln und zusammen mit den Zitronenscheiben auf den Fisch legen. Rosmarin, Pfeffer und Salz darübergeben, die Folie zum Päckchen verschließen und auf den Grill (oder Skottel Braai) legen. 5–7 Minuten darauf garen, wenn der Lachs innen noch leicht rosa sein soll, und 10 Minuten, wenn der Lachs durchgegart sein soll. Mit einem frischen Salat servieren.

Variation: Eine kleine Zwiebel oder eine Knoblauchzehe im Päckchen sorgen für mehr Geschmack. Mit Beilagen wie grünen Bohnen oder Zucchini wird das Gericht zu einem kleinen Festmahl.

Muschelzeit!

Muschelsaison ist ab Juli, und die Schalentiere sind einfach zuzubereiten. Wenn man frische Fritten von der Bude am Campingplatz dazu serviert, ein echtes Fast-Food-Gericht.

Für 4 Personen

- 2 Knoblauchzehen, abgezogen durch die Presse gedrückt
- 2 kleine Zwiebeln, abgezogen und fein gehackt
- Butter
- 350 ml trockener Weißwein
- 2 kg Miesmuscheln, geputzt und entbartet, geöffnete Exemplare aussortiert
- 1 Tüte küchenfertiges Suppengemüse
- Salz und Pfeffer aus der Mühle
- Baguette oder Pommes frites

Knoblauch und Zwiebeln mit der Butter in einer großen Pfanne anschwitzen. Den Wein angießen und zum Kochen bringen. Muscheln und Suppengemüse dazugeben, pfeffern und salzen. Alles 8 Minuten kochen lassen, dabei regelmäßig umrühren oder die Pfanne rütteln, bis sich alle Muscheln geöffnet haben (geschlossene Exemplare entsorgen). Die Muscheln mit Pommes frites oder Baguette servieren.

Tipp: Noch eine Sauce dazu? Zitronenaioli passt wunderbar! Dazu die *Aioli* von Seite 47 um einen 1 TL Zitronensaft ergänzen.

Achtung:

Muscheln, die sich nach dem Kochen nicht geöffnet haben, sind ungenießbar.

Muschelpäckchen

Ein richtig schickes Campinggericht, wegen der Jakobsmuscheln. Dazu kühler Weißwein – und der Abend ist gerettet.

Für die Päckchen

- 500 g Venusmuscheln (oder Miesmuscheln)
- 20 küchenfertige Riesengarnelen
- 12 Jakobsmuscheln
- 8 Karotten, geschält
- 20 Cherrytomaten, gewaschen

Für die Marinade

- 8 EL Olivenöl
- 1 EL Zitronensaft
- 1 EL Schnittlauch
- Salz und Pfeffer aus der Mühle

Vier große, doppelt gelegte Blätter Alufolie bereitlegen, die man für die Päckchen braucht.

Die Venusmuscheln säubern und offene Exemplare wegwerfen. Muscheln, Riesengarnelen und Jakobsmuscheln auf die vier Alufolien verteilen. Die Karotten in Scheiben schneiden, die Tomaten halbieren und auf die Päckchen verteilen.

Die Marinadezutaten in einer kleinen Schüssel vermischen und auf die vier Päckchen verteilen. Zum Schluss pfeffern und salzen. Die Päckchen so verschließen, dass keine Feuchtigkeit austreten kann.

Die Päckchen etwa 20 Minuten auf den Grill legen und nach der Hälfte der Zeit wenden. Nach 15 Minuten ein Päckchen vorsichtig öffnen und den Gargrad prüfen. Die Venusmuscheln sollten sich geöffnet haben, die Riesengarnelen rosa sein und das Fleisch der Jakobsmuscheln weiß. Noch verschlossene Muscheln wegwerfen.

Tipp:
Mit einem Stück leckerem frischem Brot servieren!

Fischschüssel aus dem Dutch Oven

Der Dutch Oven ist ein spezieller Bräter, der in Europa immer mehr Anhänger findet. In diesem gusseisernen Gefäß kann man über einem glimmenden Lagerfeuer oder Grillkohlen praktisch alles zubereiten: Pizzen, einen Kuchen oder diesen göttlichen Eintopf. Wer keinen Dutch Oven besitzt, kann eine hohe Pfanne oder einen Wok verwenden. Kinder können dieses Gericht übrigens problemlos mitessen, denn der Alkohol im Wein verdunstet beim Garen.

Für 4 Personen

- 2 Knoblauchzehen, abgezogen
- 4 EL Olivenöl
- 1 Stange Lauch, geputzt
- 6 große Karotten, geschält
- 1 Zucchini, gewaschen
- Fisch nach Wahl (z. B. 100 g Garnelen, 200 g Lachs und 200 g Weißfisch oder Köhler)
- 250 ml Weißwein
- 1 Brühwürfel für Fischbouillon
- 250 ml Kochsahne
- 2 Lorbeerblätter
- Baguette
- Salz und Pfeffer aus der Mühle

Den Knoblauch durch die Presse drücken und im Olivenöl in der Pfanne anschwitzen. Lauch, Karotten und Zucchini klein schneiden und zusammen mit dem Fisch in die Pfanne geben. Alles 1 Minute anbraten, dann den Wein, den in 0,5 l Wasser gelösten Brühwürfel, die Sahne und die Lorbeerblätter hinzufügen und alles mit Pfeffer und Salz abschmecken. Etwa 10 Minuten köcheln lassen, bis der Fisch gar und der Alkohol verdunstet ist. Noch weitere 10 Minuten auf kleinster Flamme ziehen lassen, damit sich die Aromen entfalten können.
Mit Baguette servieren.

Anderer Stellplatz, neuer Urlaub

Jet van der Graaf, Michiel Roos und ihre Söhne Roemer und Rein sind vom Frühjahr bis in den Spätherbst hinein in ihrem komplett umgebauten Wohnmobil, einem Fiat Ducato mit Hymer-Aufbau von 1992, unterwegs. Sie bleiben nirgendwo länger als drei Nächte, und der älteste Sohn bezeichnet jeden neuen Stellplatz als »neuen Urlaub«. Vor allem das Gefühl von Freiheit hat es ihnen angetan: fahren und stehen bleiben, wohin und wo man will. Die Erlebnisse von Jet und ihrer Familie kann man nachlesen: www.nomadfamily.nl

TODAY'S SPECIAL
ZON
Wijn
smiles
CHOCOLATE!
HAPPINESS
FIAT Ducato
LET US LAY IN THE SUN AND COUNT EVERY BEAUTIFUL THING WE CAN SEE

Pasta

Caesar Salad mit Nudeln

Für 4 Personen

- 400 g Pasta (am besten Fusilli), gegart
- 1 kleine Zwiebel, abgezogen und gehackt
- 1 Knoblauchzehe, abgezogen und fein zerdrückt
- Olivenöl
- 2 Hühnerbrustfilets (je 100–120 g), gewaschen und mit Küchenkrepp trocken getupft
- 2 Scheiben Brot
- ½ Kopf Romanasalat (oder Eisbergsalat), gewaschen
- 100 g Parmesan, frisch gerieben

Für das Dressing

- ½ Knoblauchzehe, abgezogen und fein zerdrückt
- ½ Dose Anchovis (25 g)
- 4 EL Mayonnaise
- 1 EL Zitronensaft

Die Pasta nach Anweisung auf der Packung kochen, abgießen, kalt abschrecken und beiseitestellen. Die Zwiebel und den Knoblauch mit einem Schuss Olivenöl in einer Pfanne anschwitzen. Die Hühnerbrustfilets dazugeben und in 8–10 Minuten goldbraun anbraten, bis sie gar sind. Aus der Pfanne nehmen und in mundgerechte Stücke schneiden. Das Brot von der Kruste befreien, würfeln und mit etwas Olivenöl in der Pfanne anrösten. Auf Küchenpapier abtropfen lassen. Den Salat in große Stücke schneiden und mit den übrigen Zutaten in einer großen Schüssel vermischen.

Für das Dressing den Knoblauch und die Anchovis in einer kleinen Schale mit der Mayonnaise und dem Zitronensaft vermischen. Unter den Salat heben. Mit Parmesan bestreuen und servieren.

Tipp:

Mit Fertigcroutons aus der Tüte und fertigem Caesar-Dressing geht dieses Rezept noch schneller.

Pasta mit Riesengarnelen, Tomate und Spinat

Für 4 Personen

- 400 g Spaghetti
- Olivenöl
- 3 Knoblauchzehen, abgezogen
- 1 unbehandelte Zitrone
- 200 g Cherrytomaten, gewaschen
- 500 g küchenfertige Riesengarnelen
- 2 EL italienische Kräutermischung
- 200 g frischer Spinat, gewaschen
- 100 g Parmesan, frisch gerieben
- Salz und Pfeffer aus der Mühle

Die Spaghetti nach Anweisung auf der Packung kochen, abgießen, abtropfen lassen und 2 EL Olivenöl unterheben, damit die Nudeln nicht zusammenkleben. Abgedeckt beiseitestellen. Den Knoblauch durch die Presse drücken und die Zitronenschale abreiben. Den Knoblauch in Olivenöl anschwitzen. Die Tomaten halbieren und mit der geriebenen Zitronenschale und den Riesengarnelen zum Knoblauchöl geben. Die Garnelen sind gar, wenn sie schön rosa aussehen (geht blitzschnell!). Den Spinat hinzufügen und kurz mitbraten, bis er in sich zusammenfällt. Die Spaghetti zugeben, alles gut vermischen und den Saft der Zitrone über der Pfanne ausdrücken. Mit Pfeffer und Salz abschmecken und mit Parmesan bestreuen.

Pasta pesto

Ein einfaches Nudelgericht, das im Handumdrehen auf dem Tisch steht. Meistens verwendet man grünes Pesto, Parmesan und Pinienkerne. Unser Rezept setzt einen anderen Farbakzent, ist aber unheimlich lecker.

Für 4 Personen

- 400 g Spaghetti
- 100 g Pinienkerne
- 80 g Parmesan, frisch gerieben
- 1 Glas rotes Pesto (180–200 g)
- Salz und Pfeffer aus der Mühle

Die Spaghetti nach Anweisung auf der Packung kochen. Die Pinienkerne in einer kleinen Pfanne bei niedriger Temperatur kurz rösten, bis sie Farbe angenommen haben, dann vom Herd nehmen. Den Parmesan reiben. Die gekochten Nudeln abgießen, abtropfen lassen, in eine vorgewärmte Servierschüssel geben und mit dem Pesto vermengen. Mit den Pinienkernen und Parmesan garniert servieren.

Variation: Lust auf Gemüse? 400 g geviertelte Cherrytomaten hinzufügen. Noch etwas Fleisch gefällig? Etwas klein geschnittenen Parmaschinken in der Pfanne anrösten, unterheben, und schon hat das Gericht noch etwas mehr Biss!

Pasta aglio e olio

Für 4 Personen

- 400 g Spaghetti
- 3 Knoblauchzehen, abgezogen
- 1 Chilischote, gewaschen
- 12 EL Olivenöl
- ein kleines Büschel Petersilie
- 80 g Parmesan, frisch gerieben
- Salz und Pfeffer aus der Mühle

Die Spaghetti nach Anweisung auf der Packung kochen. Den Knoblauch in dünne Scheiben schneiden. Den Samenstrang der aufgeschnittenen Chilischote entfernen und die Schote ganz fein schneiden. Olivenöl in einer Pfanne erhitzen und den Knoblauch und die Chilischote hineingeben. Die Temperatur verringern, Knoblauch und Chili 10 Minuten im Olivenöl anschwitzen. Der Knoblauch darf nicht zu braun werden. Inzwischen die Petersilie hacken und den Parmesan reiben. Die gekochten Nudeln abgießen, abtropfen lassen, das Ölgemisch darübergeben, drei Viertel der Petersilie und vom Parmesan hinzufügen und alles durchmischen.

Die Pasta auf Teller verteilen und mit Salz und Pfeffer aus der Mühle sowie der restlichen Petersilie und dem Parmesan bestreut servieren.

Ravioli mit grünem Gemüse, Zitrone und Parmesan

Für 4 Personen

- 800 g gemischtes grünes Gemüse (z.B. Spargel, Erbsenschoten, junge grüne Bohnen oder Zucchini – mindestens zwei Sorten!), gewaschen
- 1 Prise Salz
- 1 Zwiebel, abgezogen und fein gehackt
- 2 kleine Knoblauchzehen, abgezogen und fein zerdrückt
- kalt gepresstes Olivenöl
- 800 g Ravioli Ihrer Wahl (am besten frische)
- 1 unbehandelte Zitrone
- 150 g Parmesan, frisch gehobelt
- Salz und Pfeffer aus der Mühle

Die holzigen Enden des Spargels abschneiden und die Stangen dritteln, Bohnen und Schoten putzen, Zucchinis vierteln. Das Gemüse in einem Topf voll heißem Salzwasser 5 Minuten kochen. In der Zwischenzeit die Zwiebel und den Knoblauch in einem Schuss Olivenöl in einer Pfanne anschwitzen. Das Gemüse hinzufügen und die Temperatur reduzieren. Die Ravioli nach Anweisung auf der Packung kochen. Die abgeriebene Zitronenschale über das Gemüse geben. Die gekochten Nudeln abgießen, abtropfen lassen und in die Pfanne mit dem Gemüse geben. Alles gut vermischen, einen Schuss Olivenöl dazugeben und mit Parmesan bestreuen. Pfeffern und salzen.

Nudelsalat mit Brie und Parmaschinken

Für 4 Personen

- 400 g kurze Nudeln (Fusilli oder Conchiglioni)
- 2 Paprika, gewaschen und geputzt
- 1 Zucchini, gewaschen
- Olivenöl
- Kräuter der Provence
- 200 g Parmaschinken, gewürfelt
- 1 Glas sonnengetrocknete Tomaten (etwa 200 g)
- 200 g (Rahm-)Brie
- 100 g Rucola, gewaschen
- Honig-Senf-Dressing (siehe Seite 47)

Die Nudeln nach Anweisung auf der Packung kochen. Danach abgießen, abtropfen und in einer Salatschüssel leicht abkühlen lassen (sollten lauwarm sein). Die Paprikaschoten und die Zucchini grob zerkleinern, mit Olivenöl besprenkeln und mit Kräutern der Provence bestreuen. Paprika und Zucchini in eine mit Olivenöl eingefettete Grillschale geben und 10 Minuten auf dem Skottel Braai oder Grill braten. Abkühlen lassen.

Den Parmaschinken in einer Pfanne mit einem Schuss Olivenöl anbraten und herausnehmen, wenn sich die Stücke einzurollen beginnen. Auf Küchenpapier abtropfen lassen.

Die getrockneten Tomaten halbieren und zusammen mit der Paprika und der Zucchini zu den Nudeln geben. Den Brie in grobe Stücke schneiden und mit dem Rucola unter die Nudeln mengen.

Das Honig-Senf-Dressing zubereiten und alles damit gut durchmischen.

Tipp:

Wenn man den Parmaschinken weglässt, ist dieses Gericht absolut vegetarisch.

One-Pot-Pasta

Einfacher geht's kaum! Alles in einen Topf werfen, ein bisschen umrühren und fertig!

Für 4 Personen

- 400 g Penne
- 2 Knoblauchzehen, abgezogen
- 1 große Zwiebel, abgezogen
- 2 rote Paprika, gewaschen und entkernt
- 500 g Cherrytomaten, gewaschen
- einige frische Basilikumblätter
- gefiltertes Olivenöl
- Salz und Pfeffer aus der Mühle, Chilipulver
- Parmesan, gehobelt

Die Pasta in die Pfanne geben und mit Wasser bedecken, bis dieses zwei Finger breit über den Nudeln steht. Den Knoblauch durch die Presse drücken oder fein schneiden. Die Zwiebel und Paprika klein würfeln. Die Cherrytomaten halbieren, die Basilikumblätter in kleine Stücke rupfen und Knoblauch, Zwiebel, Paprika, Tomaten und Basilikum zur Pasta geben. Einen Schuss Olivenöl, Salz und Pfeffer aus der Mühle und Chilipulver hinzufügen. Alles zum Kochen bringen und nach Anweisung auf der Nudelpackung garen. Das Wasser sollte fast völlig aufgenommen werden. Die Pasta mit Parmesan und ein paar Basilikumblättern garniert servieren.

Tipp: Wenn man Paprika und Tomaten etwas später hinzufügt, haben beide etwas mehr Biss.

Soll es noch etwas herzhafter werden? Den Inhalt von zwei Dosen Thunfisch im eigenen Saft abtropfen lassen und dazugeben. Das Ganze noch 2 Minuten erwärmen und das Pasta-Gericht ist fertig.

Pasta mit Spinat und Cherrytomaten

Für 4 Personen

- 1 Handvoll Pinienkerne
- 400 g Spaghetti
- 1 Glas Pesto Genovese
- 600 g frischer Spinat, gewaschen
- 400 g Cherrytomaten, gewaschen und halbiert
- 150 g Parmesan, gerieben
- Salz und Pfeffer aus der Mühle

Die Pinienkerne in einer Pfanne bei mittlerer Temperatur behutsam anrösten, bis sie goldbraun sind. In einer Schale beiseitestellen.

Die Spaghetti nach Anweisung auf der Packung kochen. Danach abgießen, abtropfen lassen, in eine Servierschüssel geben und das Pesto unterheben.

Während die Nudeln kochen, den Spinat mit 1 Tasse Wasser in einem Topf oder Wok erhitzen, bis er gar und in sich zusammengefallen ist. Das Wasser abgießen, die Cherrytomaten untermengen und alles noch mal 2 Minuten erwärmen.

Die Cherrytomaten-Spinat-Mischung auf den Spaghetti vermengen. Pfeffern, salzen und mit den Pinienkernen und dem Parmesan garniert servieren.

Tipp:
Dazu passen Fisch oder ein Hühnerbrust-filet.

Verliebt in Retro

Jahrelang lästerten sie über Wohnwagenbesitzer, aber nun gehören sie auch dazu: Marga Kocken, Sander Broersen und ihre Töchter Pien Julia und Pip Cato sind stolze Besitzer eines De Reu Casbah von 1970. Sie änderten ihre Meinung, als ihr Klappcaravan undicht wurde und sie sich schon ein wenig in einen Constructam verliebt hatten. Sie suchten nach einem Vintage-Caravan und stießen schließlich auf diesen De Reu Casbah. Sie richteten ihn in nur einer Woche her und bauten noch eine Freiküche dazu, denn wenn die Familie schon zum Camping geht, dann will sie nicht auch noch drinnen kochen.

Salate und Gemüse

Salads and vegetables

Salades en groenten

Salades et léegumes

Ensaladas y verduras

Insalate e verdure

Antipasti

Ich liebe Gemüse, besonders wenn es gegrillt ist – einer solchen Versuchung kann ich nie widerstehen!

Für 4 Personen

- 4 Paprika, gewaschen
- 1 Aubergine, gewaschen
- 1 Zucchini, gewaschen
- Olivenöl
- Pinienkerne, in der Pfanne geröstet
- 1 Kugel Mozzarella (125 g), in Scheiben geschnitten
- Balsamico-Sirup

Die Paprikaschoten im Ganzen auf den Grill legen und ab und zu wenden, bis die Haut schwarz aussieht und Blasen wirft. Vom Grill nehmen, 5 Minuten ruhen lassen und mit einem Messer die Haut abziehen. Die Kerne und Stiele entfernen, das Fruchtfleisch der Länge nach in breite Streifen schneiden.

Die Aubergine und die Zucchini in dünne Scheiben schneiden. Mit Olivenöl bestreichen und unter Wenden 6–8 Minuten grillen.

Grillgemüse, Mozzarella auf einer Servierplatte anrichten und mit den gerösteten Pinienkernen bestreuen. Zum Schluss mit Balsamicosirup garnieren.

Achtung:
Gemüse erst grillen, wenn die Kohlen bereits weiß aussehen.

Chicorée-Salat

Ein Evergreen, den meine Mutter uns schon vor 30 Jahren servierte. Jetzt mache ich den *Chicorée-Salat* für meine Familie, und jeder isst ihn gerne.

Für 4 Personen

- 5 Köpfe Chicorée
- 3 Bananen, geschält
- 250 g mild-würziger Hartkäse am Stück
- 2 Handvoll Walnusskerne
- Baguette
- *Honig-Senf-Dressing* oder *Zitronendressing* (siehe Seite 47)

Die Chicorée-Köpfe als Ganzes waschen, am Wurzelende etwa 1 Zentimeter abschneiden, die äußeren Blätter entfernen, den Strunk keilförmig heraus- und die Blätter in Streifen schneiden. Die Bananen in Scheiben schneiden, den Käse klein würfeln und zum Chicorée in eine große Salatschüssel geben. Walnüsse und Honig-Senf-Dressing darübergeben. Gleich servieren, weil sich die Bananenstücke sonst braun zu verfärben beginnen. Dazu frisches Baguette reichen.

Tipp: Mit einer *Ofenkartoffel* (siehe Seite 100) schmeckt der Salat noch deftiger. Auch Fisch direkt vom Grill passt ausgezeichnet dazu!

Knackiger Sommersalat mit frischen Früchten

Noch ein mindestens 30 Jahre alter Klassiker von meiner Mutter. Ein superleckerer Salat für die heißesten Tage auf dem Campingplatz, der aber auch zu Hause schmeckt.

Für 4 Personen

- ¾ Kopf Eisbergsalat, zerpflückt und gewaschen
- ½ kleine Galia- oder Honigmelone, geschält
- ½ Gurke, geschält
- 2 Tomaten, gewaschen
- 2 Kiwis, geschält
- 2 Bananen, geschält
- 250 g junger bis mittelalter Käse am Stück
- 1 kleine Dose Mais, abgetropft
- *Honig-Senf-Dressing* mit Mayonnaise (siehe Seite 47)
- 1 Baguette

Den Eisbergsalat fein schneiden, die Melone und die Gurke würfeln, die Tomaten achteln. Kiwis und Bananen der Länge nach halbieren und in Scheiben schneiden. Den Käse klein würfeln. Alles in eine Salatschüssel geben und den Mais und das Dressing darübergeben. Gut vermengen. Dazu knuspriges Baguette reichen.

Tipp:
Man kann beim Obst und Gemüse nach Belieben variieren – was eben gerade Saison hat.

Couscous-Salat

Die Devise bei diesem Rezept lautet: Immer eine große Portion machen! Man kann dieses Gericht nämlich zwei oder drei Tage im Kühlschrank aufbewahren. Ein prima Mittagessen, eine leichte Mahlzeit zwischendurch und ein ideales Picknickessen.

Zutaten für acht Personen

- 500 g Couscous
- 200 g Cherrytomaten, gewaschen
- 2 rote Paprika, gewaschen, halbiert und entkernt
- 2 Stangen Bleichsellerie, gewaschen und abgezogen
- 1 Gurke, geschält
- 1 Päckchen Feta
- 1 Tüte ungesalzene Nussmischung
- 1 Handvoll Rosinen
  (oder eine Tüte Studentenfutter anstelle der Nüsse und Rosinen)
- *Honig-Senf-Dressing* (siehe Seite 47)

Das Couscous nach Anweisung auf der Packung zubereiten und abkühlen lassen. Die Cherrytomaten halbieren und unter das Couscous heben. Paprika, Bleichsellerie und Gurke in kleine Stücke schneiden, den Feta würfeln und alles mit den Nüssen und den Rosinen zum Couscous geben. Zum Schluss das Honig-Senf-Dressing unter den Couscous-Salat heben. Mit frischem Baguette servieren.

Variation:
Man kann die Cherrytomaten auch durch sonnengetrocknete Tomaten ersetzen.

Salat mit Hähnchenbrust und Sesam

Ein Super-Salat. Nahrhaft, gesund und sommerlich frisch.

Für 4 Personen

- 2 Hühnerbrustfilets (etwa 200 g)

Für die Marinade

- 4 EL Olivenöl
- 2 EL Balsamico-Essig
- 4 EL Sojasauce
- ¼ Lauchzwiebel

Für das Dressing

- *Honig-Zitronendressing* (siehe Seite 47)

Für den Salat

- 1 Handvoll gehobelte Mandeln
- 1 EL Sesamsamen
- 1 EL Olivenöl
- 1 Chinakohl, geputzt
- ¾ Lauchzwiebel, geputzt
- 1 kleiner Zweig frischer Koriander
- 4 Karotten, geschält

Die Hühnerbrustfilets waschen und mit Küchenkrepp trocken tupfen. In einen Gefrierbeutel mit Gleitverschluss geben und die Marinadezutaten untermengen. Den Beutel verschließen und für mindestens 15 Minuten in den Kühlschrank legen.

Währenddessen das Dressing gemäß der Rezeptanleitung auf Seite 47 herstellen.

Für den Salat zunächst die gehobelten Mandeln und die Sesamsamen bei mittlerer Temperatur in einer Pfanne mit 1 EL Olivenöl goldbraun anrösten, dann auf einem Teller beiseitestellen.

Die Hühnerbrustfilets aus der Tüte mit der Marinade nehmen und in etwa 10 Minuten auf dem Grill garen. Das Fleisch anschließend etwa 15 Minuten abkühlen lassen und dann in Streifen schneiden.

Den Kohl, die Lauchzwiebel und den Koriander in feine Streifen und die Karotten in Scheiben schneiden und in eine große Salatschüssel geben. Huhn, Mandeln und Sesamsamen darüberstreuen und das Dressing unterheben. Mit knusprigem Baguette servieren.

Sommerlicher Zucchini-Salat

Lisanne Ooijevaar (mehr über sie und ihren Wohnwagen auf Seite 152) hat mir diesen sommerlichen Salat empfohlen. Er hat das Zeug dazu, eines meiner Stammrezepte zu werden.

Für 4 Personen

- 2 Zucchini, gewaschen
- 100 g Rucola, gewaschen
- 2 EL kalt gepresstes Olivenöl
- 1 EL Zitronensaft
- 80 g Parmesan am Stück
- 80 g Pinienkerne
- Salz und Pfeffer aus der Mühle

Mit einem Sparschäler die Zucchini in dünne Scheiben hobeln und auf einen großen Teller legen. Den Rucola darauf legen und mit Olivenöl und Zitronensaft besprenkeln. Mit einem Käsehobel dünne Parmesanscheiben über das Gemüse hobeln. Die Pinienkerne auf kleiner Flamme in einer Pfanne rösten und über den Salat streuen. Mit Pfeffer und Salz abschmecken.

Brokkolipäckchen

Für 4 Personen

- 600 g Brokkoli, gewaschen
- 80 g Parmesan, gehobelt

Für das Dressing

- 3 EL Olivenöl
- 3 EL Zitronensaft

Aus vier quadratischen Blättern Alufolie vier Körbchen machen. Den Brokkoli in kleine Röschen teilen und diese auf die Körbchen verteilen. Aus Olivenöl und Zitronensaft ein Dressing machen und gleichmäßig über den Brokkoli verteilen. Die Päckchen mit vier weiteren Blättern Alufolie so verschließen, dass keine Flüssigkeit austritt. Die Päckchen 20–30 Minuten auf den Grill legen. Kurz vor dem Ende der Garzeit ein Päckchen öffnen und durch Einstechen einer Gabel prüfen, ob der Brokkoli gar ist. Wenn das leicht geht, dann sind die Röschen gar. Die übrigen Päckchen öffnen und etwas Parmesan darüberstreuen. Eine ideale Beilage zu gegrilltem Fisch.

Variation: Man kann auch anderes Gemüse verwenden. Mit dem eigenen Lieblingsgemüse schmeckt es besonders gut.

Gemüsemix vom Grill

Eine herrliche Beilage und unheimlich vitaminreich.

Für 4 Personen

- 600 g Gemüse nach Wahl (z. B. Brokkoli, Champignons, Zucchini, Paprika und Zwiebeln), gewaschen, geputzt und abgezogen
- Salz und Pfeffer aus der Mühle

Für das Dressing

- 2 EL Olivenöl
- 2 EL Balsamico-Essig
- 2 kleine Knoblauchzehen, abgezogen und fein zerdrückt
- 2 TL Kräuter der Provence

Das Gemüse in kleine Würfel schneiden (Brokkoli in Röschen zerteilen) und in eine Grillschale aus Alufolie legen.

Die Dressingzutaten in einer kleinen Schüssel vermengen und über dem Gemüse verteilen. Alles gut vermischen.

Die Schale 15–20 Minuten auf den Grill legen.

Das gegarte Gemüse pfeffern und salzen und als Beilage zu Fisch oder Fleisch servieren.

Ratatouille

***Ratatouille* ist ein wundervoller französischer Gemüseeintopf. Sie schmeckt großartig als Beilage zu gegrilltem Fleisch oder Fisch, aber auch als supergesundes Hauptgericht mit etwas Brot oder Pasta.**

Zutaten

- 2 kleine Knoblauchzehen, abgezogen
- 2 Zwiebeln, abgezogen
- 2 Paprika, gewaschen, halbiert und entkernt
- 1 Zucchini, gewaschen
- 1 Aubergine, gewaschen
- Olivenöl
- 2 Dosen stückige Schältomaten
- 1 EL Kräuter der Provence
- 1 Glas entsteinte schwarze Oliven
- Salz und Pfeffer aus der Mühle

Den Knoblauch durch die Presse drücken und die Zwiebeln hacken. Die Paprikaschoten, die Zucchini und die Aubergine in Stücke schneiden. Die Zwiebeln und den Knoblauch in einem großen Topf mit etwas Olivenöl anschwitzen. Die Paprikastücke hinzufügen und bei mittlerer Temperatur köcheln lassen. Nacheinander Aubergine, Zucchini, Tomaten und Kräuter der Provence hinzufügen. Die Ratatouille durchgaren lassen, bis die Tomaten etwas eindicken. Zum Schluss die Oliven hinzufügen und alles mit Pfeffer und Salz abschmecken.

Warm oder abgekühlt mit Couscous, Pasta, Kartoffeln oder frischem Baguette servieren. Auch gut geeignet als Beilage zu Grillgerichten.

Tipps: Die Ratatouille vor dem Essen einige Stunden (oder einen Tag) bei geschlossenem Deckel stehen lassen. Dann verbinden sich die Aromen noch besser miteinander. Das Gericht lässt sich auch gut im Kühlschrank aufbewahren – ein ideales Mittagessen am Folgetag.

Wenn keine Kinder davon essen, kann man der Ratatouille mit einem ordentlichen Schuss Rotwein noch zusätzlichen Geschmack verleihen.

Gemüsesticks mit Ofenkartoffeln und Aioli

Für 4 Personen

- 4 große, mehligkochende Kartoffeln, gewaschen
- *Aioli* (siehe Seite 47)
- 1 Gurke, geschält
- 1 rote Paprika, gewaschen und geputzt
- 2 Stangen Bleichsellerie, geputzt
- 4 Karotten, geschält
- Salz

Die Kartoffeln ungeschält einzeln in Alufolie einpacken. Die Päckchen direkt nach dem Anzünden zwischen die Grillkohlen legen und mindestens 30 Minuten garen.

Während die Kartoffeln garen, Gurke, Paprika, Bleichsellerie und Karotten in Stabform schneiden und in Trinkgläsern anrichten, sodass man später die Gemüsesticks bequem in die Aioli dippen kann.

Kurz vor dem Ende der Garzeit ein Päckchen öffnen und durch Einstechen einer Gabel prüfen, ob die Kartoffel gar ist, dann alle Päckchen vom Grill nehmen, auf Teller verteilen und die Folie öffnen. Die Kartoffeln einschneiden, aufbrechen, salzen und mit einem Klecks *Aioli* garnieren. Die restliche *Aioli* und die Gemüsesticks dazu servieren.

Artischocken mit Aioli

Als ich dieses Gericht einmal in einem Restaurant als Vorspeise serviert bekam, war ich sofort davon begeistert. Es ist denkbar einfach: Man verpackt eine Artischocke in Alufolie und legt das Päckchen 30 Minuten auf den Grill oder den Skottel Braai. In dieser Zeit kann man die *Aioli* vorbereiten **(siehe Seite 47).**

Zutaten

- 1 Artischocke

Sobald die Artischocke gar ist, kann man mit dem Zupfen der Blätter beginnen. Blätter, die sich schlecht lösen, sind meistens recht bitter, weswegen man sie besser stecken lässt. Die Blätter, die sich leicht lösen, nimmt man zwischen Daumen und Zeigefinger. Die Unterseite des Blatts (wo es am Herz der Artischocke hing) sachte in die *Aioli* tauchen und zum Mund führen. Der untere fleischige Teil des Blattes wird mit den Zähnen abgezogen. Nach diesem Vorgeschmack dringt man vor zur eigentlichen Delikatesse: dem Herz der Artischocke. Die inneren Härchen (das Heu), die sich an diesem Blütenboden befinden, sind nicht essbar, man muss sie daher vorsichtig mit einem Löffel oder einem Messer abschaben.

Eine herrliche Vorspeise oder eine prima Beilage beim Grillen!

Ein idealer Tag zum Nichtstun!

Champagnertaufe

Susan Sandérus fing sich den Wohnwagenvirus auf dem Campingplatz De Lievelinge ein, ein Gelände mit einer »liebenswert-altmodischen Kirmes-Atmosphäre«. Obwohl sie und ihr Mann Bob sich erst kürzlich ein luxuriöses Hauszelt angeschafft hatten, kauften sie aus einer spontanen Eingebung heraus einen Rapido-Golf-Hubdach-Wohnwagen Baujahr 1984. Der Impulskauf ließ sich allerdings nicht so schnell in jenes Retro-Paradies verwandeln, das Susan vorschwebte. Der Caravan war innen ziemlich in die Jahre gekommen und musste in den fünf Wochen vor Ferienbeginn ordentlich aufgemöbelt werden. Wie sollte Susan das mit ihrem stressigen Job und einem ebenso stressigen Kleinkind vereinbaren?

Sie begann ihren Kauf schon zu bedauern. Aber alles wurde gut. Mit zusammengebissenen Zähnen und durch die Unterstützung spontan zusammengetrommelter Hilfstruppen entstanden neue Kissen und Gardinen. Die Taufe des Wohnwagens auf den Namen Dolores wurde feierlich mit Champagner begangen. Die Ferien konnten beginnen.

Pizza

Pizza selbst backen

Diesmal kommt die Ferien-Pizza vom eigenen Grill. Klar, einfach ist das nicht, weil der Teigboden leicht verbrennt. Aber mit den richtigen Tipps und etwas Teig klappt das schon!

1. Den Boden auswählen

- fertiger Pizzaboden, den man nur noch belegen muss;
- Pizzateig aus dem Supermarkt-Kühlfach;
- selbst machen (dabei ersetzt eine Weinflasche das Nudelholz).

2. Grill oder Skottel Braai?

- Auf der Backplatte des Skottel Braai gelingt eine Pizza ganz bestimmt. Die Platte bei mittlerer Flamme vorheizen und die Pizza bei kleiner Flamme in 6–10 Minuten backen. Notfalls kurz von der Platte nehmen, wenn der Boden zu verbrennen droht.
- Eine Pizza vom Grill ist prima, aber die Temperatur kann man mit Kohlen kaum richtig einschätzen. Sie ist am Anfang viel zu hoch, weswegen man eine Pizza nur über Glut backen sollte. Dabei hilft ein kleiner Pizzastein oder eine Backplatte, damit die Pizza keinen direkten Kontakt mit dem Feuer hat. Den Stein sollte man mit etwas Mehl bepudern, bevor man die Pizza darauf legt.

3. Belegen nach Geschmack

Die folgenden Rezepte sollen als Anregung dienen, dann braucht man nicht auf Fertigpizza auszuweichen.

Pizza mit Avocado, Spinat und Mozzarella

Ergibt 1 Pizza

- 3 EL Passata
- ¼ Zwiebel, abgezogen und fein gehackt
- 2 Handvoll frischer Spinat, gewaschen
- 1 Avocado, geschält, halbiert, entkernt, in Scheiben geschnitten
- 100 g frischer Mozzarella
- Parmesan, gerieben
- kalt gepresstes Olivenöl
- Salz und Pfeffer aus der Mühle

Die Passata gleichmäßig auf dem Teig verteilen und mit der gehackten Zwiebel bestreuen. Die Pizza auf den Grill legen, bis sich der Boden erwärmt hat (2–3 Minuten). Wieder vom Grill nehmen und mit Spinat, Avocado und zum Schluss Mozzarella und Parmesan belegen. Die Pizza noch einmal 2–3 Minuten auf den Grill legen und fertig backen, bis der Käse nahezu vollständig geschmolzen ist. Vom Grill nehmen, etwas Olivenöl über die Pizza träufeln und nach Belieben pfeffern und salzen.

Pizza mit Zucchini, Brie und Walnüssen

Ergibt 1 Pizza

- 3 EL Tomatensauce
- 3 EL Crème fraîche
- 1 Zucchini, gewaschen
- 250 g Brie (am besten Brie de Meaux)
- 2 Handvoll Walnusskerne
- frische italienische Kräuter (oder italienische Kräutermischung)

Die Tomatensauce mit der Crème fraîche vermengen und auf dem Pizzaboden verteilen. Die Zucchini in dünne Scheiben (etwa 0,5 cm) schneiden und auf die Pizza legen. Den Brie in dünne Scheiben schneiden und auf die Zucchini legen. Zum Schluss die Walnüsse und frische italienische Kräuter darüberstreuen, und die Pizza wie auf Seite 108 beschrieben auf dem Grill backen.

Vor dem Servieren die Kräuterstängel und -zweige herunternehmen.

Pizza mit Pfirsich und rohem Schinken

Ergibt 1 Pizza

- 80 g roher Schinken
- 100 g Ricotta
- 100 g frischer Mozzarella
- Salz und Pfeffer aus der Mühle
- 1½ Pfirsiche
- Balsamicosirup
- frische Basilikumblätter

Den Schinken auf dem Pizzaboden verteilen und mit Stückchen vom Ricotta und Mozzarella belegen. Pfeffern und salzen. Die Haut der Pfirsiche abziehen, halbieren, entsteinen, das Fruchtfleisch in dünne Scheiben schneiden und auf den Käse legen. Die Pizza auf dem Grill backen, bis sich die Ränder hellbraun färben. Das Basilikum in feine Streifen schneiden und über die Pizza streuen.

Vor dem Servieren dekorativ mit Balsamico-Sirup beträufeln.

Variation: Pfirsiche und Pizza passen nicht zusammen? Dann nimmt man Paprika, Pinienkerne und Rucola und verfeinert auch hier mit Balsamicosirup.

Pizza Margherita Extra

Zutaten je Pizza

- 3 EL Tomatensauce
- 4 Tomaten, gewaschen
- 1 Kugel Mozzarella
- etwas Parmesan, gehobelt
- einige Rucolablätter, gewaschen
- Salz und Pfeffer aus der Mühle

Die Tomatensauce gleichmäßig auf dem Teig verteilen. Die Tomaten halbieren, die Kerne entfernen, das Fruchtfleisch in dünne Scheiben schneiden und dachziegelartig auf die Pizza legen. Den Mozzarella in dünne Scheiben schneiden und über die ganze Pizza verteilen und die Pizza wie auf Seite 108 beschrieben auf dem Grill backen.

Noch etwas Parmesan und Rucolablätter darüberstreuen und die Pizza pfeffern und salzen.

Teamwork bei Familie Boon

Mark, Anne Marie, Matthanja und Jedidjah Boon wechselten vor einigen Jahren vom Zelt zum Klappcaravan und dann zum Wohnwagen, einem Bürstner Fun von 2003. Mark und Anne Marie haben ihn gemeinsam mit den Kindern gründlich umgekrempelt: putzen, malen, die Einrichtung planen, häkeln und nähen – und schließlich zusammen campieren. Die gemeinsame Arbeit empfanden alle als tolle Erfahrung. Nicht am Laptop und iPad kleben, sondern ein Schwätzchen halten, während man arbeitet. Und dann noch Pläne für schöne Ferien schmieden!

Fleisch

Meat

Vlees

Viande

Carne

Carne

Tortilla Mexicana

Für 4 Personen

- 1 Zwiebel, abgezogen
- 1 Knoblauchzehe, abgezogen
- 2 EL Olivenöl
- 400 g gemischtes Hackfleisch
- Salz und Pfeffer aus der Mühle, Chilipulver
- 1 Dose Kidneybohnen
- 1 Paprika, gewaschen, halbiert, Samenstränge entfernt
- 2 Tomaten, gewaschen, halbiert, entkernt
- 1 Kopf Eisbergsalat, gewaschen
- 1 kleine Dose Mais
- 200 g geriebener Käse
- 1 Glas Salsasauce (mild oder scharf)
- 8 kleine Tortillas

Die Zwiebel fein hacken und den Knoblauch durch die Presse drücken, beides mit dem Olivenöl in einer großen Pfanne anschwitzen. Das Hackfleisch hinzugeben, etwas lockern und mit Salz und Pfeffer aus der Mühle und Chilipulver würzen. Die Kidneybohnen dazugeben und das Ganze bei niedriger Temperatur aufsetzen. Paprika und Tomaten würfeln, die Hälfte des Salatkopfs in breite Streifen schneiden und alles in getrennten Gefäßen anrichten, ebenso Mais, geriebenen Käse und Salsasauce.

Die Tortillas schmecken am besten, wenn man sie vor dem Servieren noch schnell in einer Pfanne erwärmt. Für jeden Gast eine Tortilla auf einem Teller anrichten, damit jeder seinen eigenen mexikanischen Wrap zusammenstellen kann.

Tipp: Die Tortilla nicht ganz, sondern nur zu drei Vierteln elegen.
Zuerst das untere Ende einschlagen, dann die Seiten.
Dann tropft beim Abbeißen nichts auf den Tisch oder die Kleidung.

Variationen:

- Das Hackfleisch durch gut gewürztes Hühnerfleisch ersetzen.
- Einen frischen Salat als Beilage dazu servieren.

Chili con Carne

Nach einigen Tagen weniger gesunder Ernährung ist *Chili con Carne* eine willkommene Abwechslung. Dieses Rezept ist wirklich gesund und passt zur Vor- oder Nachsaison in den Ferien. Die Pfirsiche geben eine überraschende Frische dazu.

Für 4 Personen

- 1 kleine Zwiebel, abgezogen
- 2 Knoblauchzehen, abgezogen
- etwas Butter
- 400 g gemischtes Hackfleisch
- 2 Stangen Porree, geputzt
- 2 Paprika, gewaschen, halbiert, Samenstränge entfernt
- 1 kleine Dose Mais
- 1 Dose braune Bohnen
- 1 Dose Kidneybohnen
- 1 Dose stückige Schältomaten
- 1 kleine Dose Tomatenmark
- Salz und Pfeffer aus der Mühle
- Chilipulver
- 2 frische Pfirsiche, abgezogen, entsteint und klein geschnitten
- 2 EL Crème fraîche
- einige Zweige frischer Koriander

Die Zwiebel fein hacken, die Knoblauchzehen durch die Presse drücken und in einer tiefen Pfanne mit etwas erwärmter Butter anschwitzen. Das Hackfleisch hinzugeben und mit dem Kochlöffel etwas lockern. Porree und Paprika klein schneiden und zum Hackfleisch geben. Mais und Bohnen abgießen und nach dem Abtropfen ebenfalls dazugeben. Die Schältomaten und das Tomatenmark einrühren. Mit Salz und Pfeffer aus der Mühle und Chilipulver abschmecken. 5–7 Minuten erhitzen, ab und zu umrühren. Auf Portionsschalen verteilen und mit Crème fraîche, Pfirsichstückchen und Koriander garnieren. Mit knusprigem Brot servieren.

Tipp:
Eine Chilischote gibt ordentlich Schärfe dazu!

Steak nach Thai-Art mit Bohnen und Reis

Für 4 Personen
- 4 Steaks à etwa 100 g (für sehr Hungrige 150 g)

Für die Marinade
- 10 EL Sojasauce
- 2 TL Zucker
- 2 Knoblauchzehen, abgezogen

Zum Fertigstellen
- 500 g grüne Bohnen (oder Knackerbsenschoten), geputzt
- 300 g Reis
- 1 Chilischote, gewaschen, entkernt und fein gehackt
- 150 g ungesalzene Cashewkerne

Die Steaks in einen Gefrierbeutel mit Gleitverschluss geben, mit den Marinadezutaten vermengen und 15 Minuten marinieren lassen.

Währenddessen die Bohnen putzen und in einem Topf mit Salzwasser in 5–7 Minuten bissfest garen. Herausnehmen und zum Abkühlen in einer Schüssel beiseitestellen. Im gleichen Topf den Reis kochen.

Die Steaks aus der Marinade nehmen und 2 Minuten von beiden Seiten grillen, bis sie medium sind.

Alles auf Tellern anrichten und mit den Bohnen, den Cashewkernen und dem Reis servieren. Die Chilistückchen über die Bohnen streuen.

Variation:
Funktioniert auch mit Huhn oder Lachs!

Hamburger mit Chorizo und Guacamole

Ergibt 4 Burger

- 1 Chorizo, enthäutet
- 1 kleine Zwiebel, abgezogen
- 4 küchenfertige Hamburger-Patties (oder 400 g Rinderhackfleisch)
- 2 Tomaten, gewaschen
- Salz und Pfeffer aus der Mühle
- 4 frische Brötchen

Für die Guacamole

- 3 reife Avocados
- 1 Knoblauchzehe, abgezogen
- 1 kleine Zwiebel, abgezogen
- 2 Tomaten, gewaschen
- ½ Chilischote, gewaschen und entkernt
- Salz und Pfeffer aus der Mühle

1 Stunde vor dem Servieren vorab die Guacamole zubereiten. Hierfür die Avocados halbieren, den Kern herausnehmen und das Fruchtfleisch mit einem Löffel herauslösen und pürieren. Den Knoblauch durch die Presse drücken und die Zwiebel fein hacken. Die Tomaten halbieren, die Kerne mit einem Löffel herauslösen und das Fruchtfeisch fein würfeln. Alles in eine Schale geben, mit der Chilihälfte vermengen und mit Pfeffer und Salz abschmecken. 1 Stunde im Kühlschrank ruhen lassen, damit sich die Aromen entfalten können.

Für die Burger die Chorizo und die Zwiebel fein hacken. Die Hamburger-Patties in einer Schüssel mit einer Gabel zerteilen und mit der Chorizo und der Zwiebel verkneten. Mit Salz und Pfeffer abschmecken. Danach wieder zu vier Hamburger-Patties formen. Diese auf dem Grill 10 Minuten grillen, bis sie gar sind.

Die Brötchen halbieren, mit Guacamole bestreichen und auf eine Brötchenhälfte Tomatenscheiben und darauf je einen gegrillten Hamburger-Patty legen, die andere Brötchenhälfte darauflegen und mit Pommes frites von der Camping-Frittenbude, einem frischen Salat oder einer *Ofenkartoffel* (siehe Seite 100) servieren.

Couscous mit Huhn und Gemüse

Couscous kann beim Kochen auf dem Campingplatz als Ausgangsbasis für viele Gerichte dienen. Wasser aufkochen, das Couscous damit übergießen und ein paar Minuten später ist es schon fertig. Wenn man viel davon zubereitet, kann man auch am nächsten Tag noch davon essen. Und das Beste: Es schmeckt sowohl warm als auch kalt!

Für 4 Personen

- 250 g Couscous
- 1 Knoblauchzehe, abgezogen
- 1 Zwiebel, abgezogen
- Olivenöl
- 300 g Hühnerbrustfilet (große Stücke)
- 1 Zucchini, gewaschen
- 1 Paprika, gewaschen, halbiert, entkernt
- 1 Aubergine, gewaschen
- 4 Tomaten, gewaschen, halbiert, entkernt
- Salz und Pfeffer aus der Mühle

Für das Dressing

- 10 EL Olivenöl
- 2 EL getrocknete Kräuter der Provence

Das Couscous nach Anweisung auf der Packung zubereiten. Den Knoblauch durch die Presse drücken und die Zwiebel fein hacken. Beides mit einem Schuss Olivenöl in einer hohen Pfanne anschwitzen und die gewaschenen und mit Küchenkrepp trocken getupften Hühnerbrustfilets hinzufügen. Inzwischen Zucchini, Paprika, Aubergine und Tomaten in grobe Stücke schneiden. Sobald die Hühnerbrustfilets eine leichte braune Kruste zeigen, das Gemüse dazugeben. 5 Minuten auf dem Herd lassen und dann das Couscous hinzufügen. Die Temperatur auf kleine Stufe reduzieren und während das Huhn gart, die Dressing-Zutaten in einer kleinen Schale vermengen. Die Pfanne vom Herd nehmen und das Dressing unter das Gericht rühren.

Variation: Statt Hühnerfleisch gemischtes Hackfleisch verwenden oder für ein vegetarisches Couscous das Fleisch durch weitere Gemüsesorten und den Inhalt einer Tüte ungesalzener Nusskernmischung ersetzen. Mit einer frischen Chili wird es schärfer oder (speziell für die Kinder) mit ein paar Rosinen süßer.

Ei im Burger

Für 4 Personen

- 4 Hamburger-Patties (oder 400 g Rinderhackfleisch)
- 4 Eier
- 4 Brötchen
- Salz und Pfeffer aus der Mühle
- Grillsaucen Ihrer Wahl

Die Hamburger-Patties mit der Hand etwas platt drücken und mit einem Trinkglas in der Mitte ein Loch ausstechen. Die Patties in einer großen Pfanne (oder einer Grillschale auf dem Grill) auf beiden Seiten braten. Für jeden Burger ein Ei aufschlagen und den Inhalt in das Loch gießen. Das Ei bei mittlerer Temperatur und langsam stocken lassen (dauert etwa 6–8 Minuten). Dann sind auch die Patties gar.

Die Brötchen halbieren, je ein Patty auf vier der Hälften legen, würzen und nach Belieben mit Grillsaucen garnieren.

Die ausgestochenen Teile der Hamburger kann man mitbraten oder -grillen.

Würzig-süße Huhn-Speck-Röllchen

Für 4 Personen

- 4 Hühnerbrustfilets (100–120 g)
- 4 EL Honig
- 1 EL Senf
- 24 Scheiben Bacon

Die gewaschenen und mit Küchenkrepp trocken getupften Hühnerbrustfilets jeweils der Länge nach in sechs Streifen schneiden.

Den Honig und den Senf in einer Schale mischen und die Hühnerfleischstreifen darin 1 Stunde marinieren lassen.

Die Hühnerfleischstreifen aus der Marinade nehmen, in Speck einwickeln und mit jeweils einem Grillspießchen fixieren. Auf den Grill legen und in 8–10 Minuten goldbraun grillen.

Mit Salat und *Ofenkartoffeln* (siehe Seite 100) servieren.

Gebratene Mie-Nudeln mit Huhn

Unsere Camping-Freundin Joyce Valkenburg hat mir dieses Rezept geschickt. Das klingt schon beim Lesen gut!

Für 4 Personen

- 300 g Hühnerbrustfilet, gewaschen, trocken getupft und grob gewürfelt
- 12 EL Kecap Manis (indonesische süße Sojasauce, erhältlich im Asialaden)
- 1 Knoblauchzehe, abgezogen und fein zerdrückt
- 1 kleines Stück frischer Ingwer, gewaschen und fein gerieben

Für die Nudeln

- 1 Packung Mie-Eiernudeln
- 1 Paprika, gewaschen, halbiert, entkernt und grob gewürfelt
- 1 Zucchini, gewaschen und grob gewürfelt
- 150 g Champignons, geputzt und grob gewürfelt
- Olivenöl
- etwas Kecap Manis (indonesische süße Sojasauce, erhältlich im Asialaden)
- Salz und Pfeffer aus der Mühle

Die Hühnerbrustfilets in einer Schüssel mit dem Kecab Manis, dem Knoblauch und dem Ingwer vermengen. 30 Minuten im Kühlschrank marinieren lassen, damit sich die Aromen entfalten können.

Die Nudeln nach Anweisung auf der Packung zubereiten.

Das Öl in einer Pfanne erhitzen und das Fleisch darin goldbraun braten. Das Gemüse dazugeben und unter Rühren 4 Minuten mitanbraten. Die abgetropften Nudeln dazugeben. Alles gut vermischen, mit Kecap Manis sowie Pfeffer und Salz abschmecken.

Variation:
Die Hühnerbrustfilets durch Lachs ersetzen.

Hotdogs vom Lagerfeuer

Mal etwas anderes als die gewohnten Grillwürstchen.

Zutaten

- 1 Lage küchenfertiger Pizzateig
- 8 große (Wiener) Würstchen

Den küchenfertigen Pizzateig ausrollen, in schmale Streifen schneiden und um die auf entrindete und angespitzte Äste gesteckten Würstchen wickeln. Die Hotdogs maximal 10 Minuten über den Grill oder das Lagerfeuer halten. Mit Ketchup, Curry- oder anderen Saucen garniert servieren.

Tipp:
Die Hotdogs über glimmenden Kohlen grillen, dann wird der Teig besser gar.

Hawaii-Burger mit Bacon

Für 4 Personen

- 8 Scheiben Bacon
- 4 Hamburger-Patties (oder 400 g Rinderhackfleisch)
- Salz und Pfeffer aus der Mühle
- 4 Scheiben Dosenananas

Die Patties 2 Minuten auf beiden Seiten in einer beschichteten Grillpfanne anbraten und dann herausnehmen. Auf einem Brett jeweils 2 Baconscheiben so positionieren, dass sie sich paarweise überlappen. Die Patties darauflegen und mit Pfeffer sowie Salz würzen. Jeweils eine Ananasscheibe darauflegen. Die Baconscheiben darüber zusammenklappen und mit Holzspießchen fixieren, wobei die Spitze auch auf der Unterseite durchgestochen werden muss, damit das Ganze hält.

8 Minuten auf den Grill legen und ab und zu wenden.

Mit Pommes frites von der Camping-Frittenbude oder *Ofenkartoffeln* (siehe Seite 100) servieren.

Spanische Tortilla

Für 4 Personen

- 6 Eier
- 100 g roh geräucherter Schinken
- 15 frische Champignons, geputzt
- 1 rote Paprikaschote, gewaschen
- 150 g mild-würziger Hartkäse Ihrer Wahl, gerieben
- Butter
- Salz und Pfeffer aus der Mühle

Die Eier über einer Rührschüssel aufschlagen. Den Schinken in feine Streifen, die Champignons in Scheibchen schneiden. Die Paprika halbieren, die Kerne entfernen und das Fruchtfleisch in Stücke schneiden. Alles zusammen mit dem Käse, Pfeffer und Salz verrühren. In einer kleinen, aber hohen Pfanne etwas Butter anbräunen und den Teig einlaufen lassen. Bei großer Hitze fortwährend mit dem Kochlöffel umrühren. Der gestockte Boden der Tortilla wird so jedes Mal von der Pfanne gelöst, damit auch der restliche Teig stocken kann. Die Temperatur reduzieren, sobald sich die Masse verfestigt. Einen Teller auf die Pfanne legen, die Pfanne stürzen und die Tortilla vom Teller wieder in die Pfanne gleiten lassen. Etwa 20 Minuten weiter garen, aber darauf achten, dass die Tortilla nicht zu trocken wird. Das prüft man, indem man mit einem scharfen Messer die Oberfläche einschneidet. Vom Feuer nehmen. Gleichmäßige Stücke wie bei einer Torte herausschneiden und auf Tellern servieren.

Die Wohnwagen-Konditorei

Annemarie de Jong ist die stolze Besitzerin von Zucker&Bloem. Schon lange hatte sie von einem eigenen Betrieb geträumt, in dem sie ihre Mitmenschen mit Essen, Getränken und leckeren Süßspeisen glücklich machen würde. Um die Investitionen zu begrenzen, dachte sie sich etwas Neues aus: ein mobiles Geschäft. Ihre Schwester und ihr Freund fanden irgendwann, dass die Zeit des Träumens vorbei sei und dass Annemarie ihre Idee einfach umsetzen sollte. Zu ihrem Geburtstag bekam sie 2011 einen Wohnwagen geschenkt!

Nach fünf Wochen Umbauarbeit ging Zucker&Bloem an den Start und erlebte seine Premiere bei einem Festival. Inzwischen betreibt Annemarie neben dem Wohnwagen-Verkaufsstand auch eine Küche und backt für Cafés am Ort Kuchen und Torten. In den Sommermonaten ist sie ständig auf Achse, um auf Festivals, Hochzeiten und bei Betriebsfesten den Hunger der Gäste auf Süßspeisen zu stillen. Der Bestseller von Zucker&Bloem? Das ist ohne jeden Zweifel der Weiße-Schokoladen-Käsekuchen mit Himbeeren. Mmm …

Suiker Bloem
TAARTJES
maken Bij
Suiker Bloem
Glühwein
zonder alcohol
€ 2,00
Drankjes
Taartjes

Desserts und Getränke

Desserts and drinks

Toetjes en drankjes

Desserts et boissons

Postres y bebidas

Dolci e bevande

Pure Rocky Road Fudge

Zucker&Bloem (siehe Seite 134) hat mich sehr glücklich gemacht mit diesem herrlich süßen Verführer. Das ist wahrlich eine Nascherei, die bleibenden Eindruck bei Ihren Mitreisenden hinterlassen wird.

Ergibt 20-25 Stück

- 50 g weiße Marshmallows
- 50 g Zwieback
- 1 kleine Dose Kondensmilch
- 350 g Bitterschokolade
- 100 g Pistazienkerne
- 75 g getrocknete Cranberrys

Die Marshmallows in Stücke schneiden, den Zwieback in Stücke brechen. Die Kondensmilch bei niedriger Temperatur in einem Topf erwärmen. Die Schokolade in Stücke brechen, zur warmen Milch geben und verrühren, bis sie vollständig geschmolzen ist. Den Topf vom Herd nehmen, Zwieback, Pistazienkerne und Cranberrys in die Milch-Schokoladen-Mischung geben und unterrühren. Die Marshmallows erst jetzt hinzufügen, damit sie nicht aufgrund der Wärme schmelzen. Das Ganze in eine große Frischhaltebox stürzen und gleichmäßig verteilen. 2 Stunden in den Kühlschrank stellen und danach in Stücke schneiden.

Tipp: Wenn keine große Frischhaltebox verfügbar ist, aus einem großen Stück Alufolie ein Gefäß mit hohen Rändern falten. Oder das Fudge auf mehrere kleine Gefäße verteilen.

Variation: Die Variationsmöglichkeiten bei den Zutaten sind schier endlos: andere Trockenfrüchte, andere Nüsse und Vollmilch- oder weiße Schokolade.

Campingdessert Royal

Für 4 Personen

- 500 g Beerenobst: Erdbeeren, Heidelbeeren, Brombeeren oder was sonst gerade Saison hat
- 1 unbehandelte Zitrone oder Limone
- 250 g Mascarpone
- 8 Bastogne-Kekse (oder ähnliche Karamellkekse)
- 4 kleine Gläser

Das Obst waschen und putzen, die Erdbeeren halbieren und alles in eine ausreichend große Schüssel geben. Die Zitrone halbieren, den Saft aus beiden Hälften auspressen und mit dem Mascarpone vermischen. Die Kekse zerkrümeln und mit einem Löffel eine Lage Krümel auf den Boden von vier Dessertgläsern geben. Mit einer Lage Mascarpone-Creme und einer weiteren Lage Früchten bedecken. Dann folgen wieder je eine Lage Kekskrümel, Mascarpone-Creme und Obst.

Zum Schluss mit ein paar Kekskrümeln abschließen und einen Schlag Mascarpone und ein paar Früchte als Dekoration obenauf geben.

Tipp:
Mit abgeriebener Zitronen- oder Limonenschale garnieren.

Arretje Nof

Zu dieser niederländischen Spezialität hat mich meine liebe Kollegin Kristel Vermeulen gebracht. Ich entdeckte sie bei ihr im Kühlschrank und konnte kaum die Finger davon lassen! Eine ziemliche Kalorienbombe, aber sie schmeckt wunderbar. Ideal für die kleinen Verwöhnmomente beim Camping.

Zutaten

- 200 g Zucker
- 5 EL Kakao
- 200 g Zwieback
- 250 g Butter

Zucker und Kakao vermischen. Den Zwieback zerkrümeln und die Krümel zur Mischung geben. Die Butter in einem Topf schmelzen, 5 EL Wasser und die vorbereitete Mischung dazugeben. Alles verrühren. Eine große Frischhaltebox mit Alufolie auslegen, die Masse gleichmäßig darin verteilen und über Nacht im Kühlschrank aushärten lassen. Am nächsten Morgen in Stücke schneiden oder brechen. Passt prima zu einer Tasse frischem Kaffee oder Tee!

Tipp: *Arretje Nof* schmeckt viel besser, als es aussieht. Für das Foto haben wir die Leckerei mit Himbeeren und (essbaren) Veilchenblüten aufgehübscht. Und siehe da: Beides gab *Arretje Nof* eine völlig neue Geschmacksdimension.

Warme Sommerfrüchte

Banane mit Schokolade

Eine Banane vorsichtig längs aufschneiden, Schokoladenstücke und eventuell Marshmallows in den Spalt legen. Die Banane wieder zudrücken, in Alufolie einpacken und 5 Minuten auf den Grill legen (darauf achten, dass die geöffnete Seite der Banane nach oben zeigt, damit die Schokolade nicht herausläuft).

Tipp: Gerade keine Schokolade zur Hand? Dann tut es auch Nuss-Nougat-Creme.

Warmes Obst

Äpfel, Mango, Nektarinen, Pfirsiche, Bananen und Ananas schmecken auch warm wunderbar. Das Obst in (große) Stücke schneiden, mit etwas Zucker bestreuen, in Alufolie verpacken und diese rundum gut verschließen. 5–7 Minuten auf den Grill legen.

Dazu passt eine Kugel Vanilleeis, aber wenn der Wohnwagen-Kühlschrank über kein Gefrierfach verfügt, dann tut es auch ein Klecks Vanille-Mascarpone-Creme.

Applecrunch

Ergibt zwei Portionen

- 3 Äpfel
- 1 EL Zucker
- 1 Prise Zimt
- etwas Zitronensaft
- Butter (oder Margarine) zum Einfetten
- Alufolie
- 2 Handvoll Müsli

Die Äpfel waschen, halbieren, das Kernhaus und den Stiel entfernen und das Fruchtfleisch in Spalten schneiden. Mit dem Zucker und dem Zimt bestreuen und etwas Zitronensaft darüberträufeln.

Ein Stück Alufolie mit etwas Butter einfetten. Die Äpfel darauf legen und mit Müsli bestreuen. Jetzt die Alufolie gut verschließen (die Ränder mehrfach umfalten, damit der Saft im Päckchen bleibt) und 15–20 Minuten auf den Grill legen. Vor dem Öffnen das Päckchen etwas abkühlen lassen.

Dazu passt eine Kugel Vanilleeis, aber wenn man keines vorrätig hat, dann schmeckt dieser *Applecrunch* auch pur superlecker.

S'More

Ein Lagerfeuer-Favorit von jenseits des großen Teichs, von dem man garantiert einen Nachschlag möchte – daher auch der Name (»some more«). Zucker- und kalorienhaltig ohne Ende, aber ein echter Leckerbissen für Naschkatzen.

Ergibt 1 Portion

- 1 Marshmallow
- 1 Stückchen Schokolade
- 2 Kekse

Das Marshmallow auf eine Grillgabel spießen und über dem Grill sachte rösten. Sobald es sich hellbraun verfärbt und ein wenig zu schmelzen beginnt, legt man es mit der Schokolade zwischen die Kekse. Noch eine Minute warten, bis die Wärme des Marshmallows die Schokolade schmelzen lässt, und das süße Schwelgen kann beginnen!

S'More mit Apfel

Eine Spur gesünder und vielleicht noch leckerer als das Originalrezept.

Ergibt 1 Portion

- 1 Marshmallow
- 1 Stückchen Schokolade
- 2 Apfelscheiben, gewaschen und geputzt

Die Zubereitung entspricht dem nebenstehenden Rezept, aber die Kekse werden durch Apfelscheiben ersetzt. Die Kombination des säuerlichen Apfels mit den Marshmallows ist ein Fest für die Geschmacksnerven.

Tipp:
Ein unkompliziertes Dessert nach der Grillparty.

Obsttörtchen

Fällt eine Geburtstagsfeier in den Urlaub? Oder möchten Sie sich einfach einmal etwas Gutes gönnen? Mit diesem Törtchen ist man immer auf der sicheren Seite.

Für 4 Personen

- 1 fertiger Tortenboden
- 1 Dose Sprühsahne
- frisches Beerenobst (Himbeeren, Erdbeeren und Heidelbeeren), gewaschen und geputzt
- bunte Zuckerstreusel

Den Tortenboden halbieren und Sahne auf die untere Lage sprühen. Früchte darauflegen. Mit der anderen Hälfte des Tortenbodens bedecken und wie zuvor mit Sahne und Früchten garnieren. Zum Schluss mit bunten Zuckerstreuseln bestreuen.

Variation: Andere Obstsorten wie Dosenpfirsiche oder -mandarinen (gut abtropfen lassen!), aber auch Bananen eignen sich ebenso gut für dieses Rezept. Mit Kiwis umgehend servieren, sonst schlägt die Sahne um und schmeckt bitter.

Anstelle von Zuckerstreuseln kann man auch Schokoladenstreusel verwenden (passt super zu Pfirsichen!).

Schokoladenfondue

Zutaten

- 300 g Zartbitterschokolade (am besten Blockschokolade)
- Obst zum Eintauchen in die Schokolade: z.B. Bananen, Ananas, Kirschen, Erdbeeren, Kiwis, Himbeeren, Äpfel, gewaschen und geputzt
- Marshmallows oder Kekse

Die Schokolade in eine Aluminiumgrillschale geben und diese auf die glimmenden Grillkohlen setzen (man kann die Schokolade auch auf dem Skottel Braai schmelzen).

Das Obst in mundgerechte Stücke schneiden und in Schüsselchen anrichten.

Die schmelzende Schokolade ein paar Mal mit einer Gabel umrühren. Sobald sie ganz geschmolzen ist, die Aluschale auf den Tisch stellen, die Früchte (oder Marshmallows und Kekse) auf Gabeln aufspießen und in die Schokolade tauchen.

Sangria blanca

Diese Sangria trank ich zum ersten Mal an einem spanischen Strand und bekam etwas später das Rezept von meiner Kollegin Carmen Roovers. Es ist ein bisschen anders als gewöhnlich, aber genauso lecker. Wenn nicht sogar besser.

Zutaten

- 1 Flasche Cava oder Prosecco, gekühlt
- 250 ml weißer Traubensaft, gekühlt
- 75 ml Cointreau oder Grand Marnier
- 150 g Erdbeeren, gewaschen und geputzt
- 1 Apfel, gewaschen

Den Cava und den Traubensaft in eine Karaffe gießen und den Cointreau oder Grand Marnier hinzufügen. Mit einem Löffel einmal gut durchrühren.

Die Erdbeeren vierteln, den Apfel halbieren, vom Kernhaus und Stiel befreien und in Scheiben schneiden. Wenn der Wohnwagen-Kühlschrank über ein Gefrierfach verfügt, dann kann man die Sangria mit Eiswürfeln lange kühl halten.

Tipp:
Die Apfelstücke und die Erdbeeren ins Eisfach legen, bevor man sie zur Sangria hinzufügt.

Aromatisiertes Wasser

An heißen Tagen der ideale Durstlöscher. Wenn man seinen persönlichen Favoriten gefunden hat, lohnt es sich, davon einen Vorrat in Flaschen abzufüllen und kühl zu stellen. Die Rezepte gelten jeweils für 1 Liter Wasser.

Zitruswasser mit Minze

Zutaten

- 4 Scheiben unbehandelte Zitrone oder Limone
- 3 Zweige frische Minze

Variation: Mit zwei Scheiben frischem Ingwer erhält das Getränk eine angenehm scharfe Note.

Gurkenwasser

Zutaten

- 10 Gurkenscheiben

Variation: Ein frischer Minzezweig verleiht zusätzlich Würze!

Beerenwasser

Zutaten

- 4 Erdbeeren, gewaschen, geputzt und halbiert

Variation: Mit Kiwi oder Himbeeren ansetzen.

Eistee

Zutaten

- 1 Beutel grüner Tee
- 2 Scheiben unbehandelte Zitrone

Das Wasser kochen und den Teebeutel 3 Minuten ziehen lassen. 25 Minuten abkühlen lassen und dann die Zitronenscheiben hinzufügen. Nach weiteren 5 Minuten die Zitrone herausnehmen und den Tee in den Kühlschrank stellen. Am besten mit Eiswürfeln gekühlt servieren.

Variation: Zugleich mit der Zitrone 3 Minzezweige hinzufügen.

Wohnlich eingerichtet

Jasper Smit und Lisanne Ooijevaar waren überzeugte Zeltcamper, wünschten sich aber, nicht so vom Wetter abhängig zu sein. Deshalb entschieden sie sich für einen englischen Astral -Wohnwagen aus der zweiten Hälfte der Siebzigerjahre und fingen sogleich mit dem Umbau an. Im Inneren fällt sofort die Tapete auf. Lisanne gefiel das Vogelhausmotiv von Studio Ditte, fand die Tapeten aber viel zu teuer. Mit Geschenkpapier vom gleichen Hersteller und selbst gemachtem Kleister »tapezierte« sie Tür und Wand und machte den Caravan auf diese Weise gleich viel wohnlicher.

vorher

Danke!

Mit diesem Projekt hatte ich die Lacher immer auf meiner Seite. Wenn ich Freunden davon erzählte, dass ich an einem Kochbuch arbeitete, fanden sie das immer furchtbar lustig. Um der Wahrheit die Ehre zu geben: Mein Ruf als Köchin ist eher mäßig. Alles muss schnell gehen, einfach und lecker sein. Aber eigentlich ist genau das doch genau die richtige Voraussetzung für ein Camping-Kochbuch, oder?

Wie schon die *Caravanity*-Homepage machte auch dieses Buch richtig Spaß. Ich durchstöberte meine Notizbücher der letzten Jahre und rief die Leser von *Caravanity.nl* dazu auf, mir ihre besten Rezepte zu schicken. Die leckersten davon stehen in diesem Buch. Meine Mutter, deren Kochkünste meine bei Weitem überragen, unterstützte mich ebenfalls. Die *Gambas Pil Pil*, der *Knackige Sommersalat mit frischen Früchten*, der *Chicorée-Salat* und die *Spanische Tortilla* stammen aus ihrem Repertoire. Mama, herzlichen Dank für die herrlichen Rezepte.

Anki Wijnen vom Zilverblauw-Team fotografierte nahezu alle Bilder in diesem Buch. Bei unseren Sessions kochte ich jeweils 20 Rezepte und Anki setzte sie gekonnt in Szene. So kam es, dass wir jedes Mal um 12 Uhr ein ausgiebiges Mittagessen abhielten, mit interessanten Kombinationen wie *Paella* und *Popcorn*, *Caesar Salad* und *S'More* oder *Pizza* und *Hotdogs*. Dazu gab es oft ein Glas Wein, und häufig leistete uns Ankis Gatte Casper Boot – der Layouter dieses Buchs – Gesellschaft und half uns dabei, die reichlichen Mahlzeiten aufzuessen. Noch einmal ein Riesendankeschön an das Team Zilverblauw für die großartige Zusammenarbeit. Euer Stil ist fantastisch.

Natürlich ist da meine Familie: Thomas, Luca und Noa. Danke für das Durchprobieren meiner Kreationen in den Ferien. Manche Gerichte gelangen sofort (*Hotdogs* und *Tortillas*), andere erforderten etwas Übung (*Pizzen*). In den nächsten Ferien dürft ihr abwechselnd ein Gericht aus diesem Buch auswählen, das ich mit viel Liebe für euch zubereiten werde.

Danke an alle Wohnwagen- und Wohnmobilbesitzer, die sich bereit erklärten, ihre Schätzchen in diesem Buch zu präsentieren, auch für ihre Anregungen und ihre Kreativität! Danke auch an alle, die sich die Mühe machten, mitzudenken und ein Rezept einzureichen.

Danke an Ingrid und Bert von meinem niederländischen Verlag Kosmos für die Unterstützung und Zusammenarbeit. Das ist schon mein zweites Buch mit ihnen, und es war mir eine Ehre.

Zum Schluss möchte ich den Lesern meines Camping-Kochbuchs danken. Ich hoffe, dass ihr mit diesem Buch kochen werdet wie die Weltmeister!

Liebe Grüße,
Femke Creemers

du vin
du pain
du caravan

Caravanity

Bildnachweis

Fotografie

S. 31: *Soulpad.co.uk*, S. 48: Judith Vrielink, S. 64: Irma Bulkens, *irmabulkens.nl*, S. 82: Marga Kocken, *bijzonderefotografie.nl*, S. 103: Bart van der Heijden, S. 104: Susan Sandérus, S. 112: Familie Boon, S. 134: *Zuckerenbloem.nl* über *Zilverblauw.com*, S. 152: Lisanne Ooijevaar, crealiscadeaus.nl

Alle übrigen Fotografien: *zilverblauw.com*

Sponsoren

Unser Dank gilt *urbansandindians.com*, *rostimepalshop.nl* und *rice.dk* für das schöne Geschirr und andere schöne Camping-Kochutensilien.

Register